Gilles Leblais

Meine lebendige Hecke

Lebensraum & Nahrung für mehr
Artenvielfalt im Garten

ulmer

Gilles Leblais

Meine LEBENDIGE HECKE

Lebensraum & Nahrung für mehr Artenvielfalt im Garten

Aus dem Französischen
von Sabine Hesemann

INHALT

ZAUBER DER GEHÖLZE

Dank meiner Beobachtungen, die die Grundlage für meine enge Beziehung zu Garten und Natur bilden, kann ich das wilde Leben einfangen. Ich liebe die Komplizenschaft mit allem Lebendigen, aber vor allem mit den Bäumen. Alle meine Sinne sind beteiligt, wenn ich die Natur beobachte und sie intensiv erlebe. Das bringt mich dazu, das sich verborgen unter und auf der Borke abspielende Leben zu schützen und damit einen Dialog zu führen.

In der geheimnisvollen und beruhigenden Stille der Zweige, lasse ich mich stets von meiner Inspiration und Sensibilität leiten. Um mir mein Gartenparadies zu gestalten, habe ich zuerst einmal versucht, einen verschworenen Blick auf die Welt des Waldes zu werfen. Ich öffne alle meine Sinne, um den Zauber des Waldes tief in mir zu erspüren. Ich liebe die Welt der Bäume, besser gesagt den Widerhall des Waldes in mir. Es ist eine andere Welt. Ich betrete sie mit Respekt und Demut und Wachsamkeit. In einer Grundstimmung von Ruhe und Träumerei habe ich die Gestaltungen mit Bäumen, insbesondere die Hecken und Wäldchen als Ergänzung zu den alten Bäumen meines Gartens angelegt.

Die alten Bäume, egal welcher Art, sind die Ahnen der Szenerie, über die sie wachen. Ihr majestätischer Anblick verleiht Schönheit, sie erzählen die Geschichte der Natur und natürlich auch der Menschen. Auch wenn so mancher die Bäume nur als Feuer- oder Bauholz sieht – sie sind unabdingbar für das Leben auf unserem Planeten. Mich in sie zu vertiefen oder an ihrer Seite zu meditieren lädt mich mit positiver Energie auf. Ich bin verbunden mit dem geheimen Leben dieser wohltuenden und fantastischen Gehölze, die sich untereinander austauschen.

Indem ich in meinen Baum- und Strauchpflanzungen das übersetze, was meine Sinne erfasst haben, und die Stimmung des Augenblicks bewahre, werden der Zauber und die schöpferische Kraft alles Lebenden in meinem Garten frei.

Gilles Leblais

FREI UND WILD

IM SCHATTEN DER HECKEN-LANDSCHAFTEN

Wo findet man heute noch Heckenlandschaften, da kaum noch Feldhecken übrig sind? Ich erinnere mich, wie ich als Kind durch Felder mit Hecken rannte… Ach, hätte doch das Ausreißen von Tausenden Kilometern Feldhecken niemals stattgefunden!
Wussten Sie, dass Heckenlandschaften völlig künstliche Landschaft sind, die der Mensch nur wegen der Landwirtschaft anlegte? Sie gehören zur Agrarlandschaft, da sie durch das Einfassen von Feldern mittels Hecken und alter Bäume entstanden. Dazwischen sind die menschlichen Behausungen weit verstreut. Heckenlandschaften sind ein sehr reiches Ökosystem mit erstaunlicher Artenvielfalt, weil die Menschen, die sie anlegten, die Vielfalt der Natur zu bewahren wussten. Zum Schutz ihrer Böden pflanzten die Landwirte vergangener Zeiten immense Mengen von Hecken als Windschutz, zwischen denen die Wege verliefen. In manchen Regionen verlaufen auch Wälle entlang der Wege, von der Vegetation und den Wurzeln der Bäume gefestigt. Heckenlandschaften sind ein Mosaik von Ackerparzellen, die von lebendigen Hecken eingefasst sind, und große Bäume markieren die Wege und Pfade.
Zahlreiche Wildtiere und Pflanzen haben diesen Lebensraum besiedelt, der noch bis vor wenigen Jahrzehnten frei von Pestiziden war. Kleine Nager wie die Haselmaus bewohnen Hecken und Böschungen, doch man findet auch andere Säugetiere wie Kaninchen, Fuchs oder Dachs. Der Igel wandert durch die Senken, Eichhörnchen und Siebenschläfer fühlen sich auf den Ästen in der Höhe wohl.

In den Feldern und der Umgebung leben Feldhasen, während zahlreiche kleine Marder wie Mauswiesel und Hermelin in den Tiefen der Feldhecke auf die Jagd gehen. In den Wäldchen und dem Dickicht leben in der schönen Jahreszeit zahlreiche Singvögel, darunter Laubsänger, Nachtigallen, Grasmücken, Amselartige. Große Bäume beherbergen auch die geflügelte Sippe der gut hörbaren Grünspechte, Buntspechte und Kleinspechte. Höhlen jeglicher Art sind das Zuhause von Wald- und Steinkauz, während die Schleiereule abends über Wiesen und Feldern auf Jagd geht. Der Sperber erscheint ganz plötzlich am Heckenvorhang, um kleine Vögel zu überraschen. Auch Eidechsen, Schlangen und Amphibien aller Arten profitieren von diesem bevorzugten Lebensraum, ebenso wie zahlreiche Insektenarten.

Mittelgebirge eignen sich ebenfalls perfekt für diese Art der Landschaft und man muss dieses Ökosystem unbedingt bis in unsere Gärten hinein erhalten. Pflanzen Sie freie, wilde Hecken. Die Natur wird es Ihnen hundertfach danken!

Sperber

ICH PFLANZE *eine* LEBENDIGE HECKE

Zu Beginn des Herbstes beleben die reich Früchte tragenden Heckenrosen, Himbeersträucher, Schwarzer Holunder, Schlehen, Berberitzen, Vogelbeeren, Kornelkirschen in der wilden, gemischten Hecke meines paradiesischen Gartens meine Sinne und die der Tiere. Der Kleiber kommt und geht zum Büffet im Haselbusch und erntet in meinem Beisein. Das ist auch die Zeit, da ich mich von Herzen über die Brombeersträucher freue, wo üppig Beeren hängen. Im lichten Schatten locken die Himbeersträucher mit ihren Leckereien eine Haselmaus an, die dort schon einige Abende unbeschwert sammelt. Und bei Mondschein kann man die Zeit vertrödeln und staunen, wenn vielleicht die Siebenschläfer Radau machen, während der Steinmarder sich durch das Obst frisst …
Ja genau, das passiert in meinem Garten. Warum nicht auch bei Ihnen?

ENTLANG DER HECKEN

Die Feldhecke gehörte anfangs zu den von Menschen gestalteten Landschaften, um ihre Kulturen zu schützen. Der Lebensraum, den man Heckenlandschaft nennt, entwickelte sich seither zu einem außergewöhnlich reichen Ökosystem, weil die Menschen, die ihn gestaltet hatten, es verstanden Mutter Natur genau zu beobachteten und in Harmonie mit ihr zu leben. **So entstand eine Landwirtschaft mit Respekt vor dem Lebendigen, in der der Mensch nach dem Vorbild der ungestalteten Natur eine immense Menge von Hecken und kleinen Wäldchen voller Artenvielfalt erschuf.** Dazwischen eingewoben waren die Agrarkulturen, Straßen und Pfade. Aus Bäumen und Sträuchern bestehend, sind die Hecken für unsere Landschaften ein grundlegendes Element, das um jeden Preis erhalten werden muss. In den ältesten Hecken gedeiht eine große Vielfalt an Sträuchern und sie spiegeln durch ihr Farbenspiel den Rhyth-

mus der Natur, insbesondere im Herbst, wenn sich unserem Auge strahlende Farbnuancen von Laub und Beeren bieten. Der Herbst ist die Jahreszeit, in der Hecken wahre Speisekammern voller Früchte und Pilze aller Arten werden. Die Tiere wissen das genau und manche, darunter Eichelhäher, Kleiber, Eichhörnchen und Feldmaus schlemmen sich durch Haselnüsse, während Waldmäuse sich an den Beeren des Weißdorns gütlich tun und Igel und Dachs sich an den herabgefallenen Äpfeln laben.
Hecken, die mit Gebüsch und Wäldchen verwoben sind, zieren die Landschaft, gliedern sie und beleben sie durch unersetzliches Leben, das wir wieder zu beobachten, lieben und schützen lernen müssen. Ich sage oft, dass die Beobachtung eine Möglichkeit darstellt, mit dem Universum zu verschmelzen und ein Teil davon zu werden.
Betrachten wir die Hecken als Fortsetzung unserer Haine und Wälder. Sie ermöglichen es, uns mit unserer Geschichte als Jäger und Sammler erneut vertraut zu machen und verbessern unser Wohlbefinden, da wir den Rhythmus der Jahreszeiten und die daraus entstehende Harmonie schätzen. Sie erlauben uns, ein Gespür für Farbe, Form und Masse zu entwickeln und, was mich betrifft, auch einen gewissen Sinn für Poesie, der bis in den Garten reicht.

Gartenhecke zu Beginn des Herbstes, ebenso schön wie günstig für den Artenreichtum.

BIS IN MEINEN GARTEN

Heute ist es lebensnotwendig für viele Tiere, dass wir die Hecke, dieses bemerkenswerte und vielfältige Ökosystem, in unsere Gärten integrieren. Das Pflanzen einer Hecke ist gut für den Besitzer und zugleich eine wertvolle Hilfe für die Natur. Es ist wichtig, dass man vorhandene Baum- und Straucharten stehen lässt und vor allem wilde, heimische Arten dazupflanzt. So bilden Hainbuchen, Haselnuss, Vogelbeere und Ahorn die Baumpartie, während Schneeball, Kornelkirsche, Spindelstrauch bzw. Pfaffenhütchen und Holunder als Sträucher eine gute Figur machen. Finden Sie auch einen Platz für Sträucher wie die Schlehe, den Weißdorn, die Heckenrose mit dem üppigen Blütenflor und vergessen Sie auch Immergrüne wie den Liguster, den Buchs und den Lorbeer sowie dazu passende Cultivare* wie Zierapfel-Sorten und in Mitteleuropa nicht heimische Gewächse wie *Cotoneaster franchetii* und *Pyracantha*-Arten nicht. Eine Gesellschaft dieser Bäume und Sträucher ist notwendig, um der darin lebenden Gemeinschaft von Tieren Nahrung und Schutz zu bieten. Aber diese Mischung leistet auch einen Beitrag zu unserem Wohlbefinden, da sie im Lauf der Jahreszeiten hübsch anzusehen ist. Wenn die Hecke ausgewachsen ist, werden unzählige Tiere darin leben und die Vögel sind sicher die Stars.

* Die Begriffe mit Sternchen (hier „Cultivar“) werden im Glossar auf Seite 115 erläutert.

WIE ICH MEINE HECKEN GESTALTETE

Für jede in meinem Garten im Departement Isère in den Hügeln von Ainan auf etwa 640 Höhenmetern angelegte Hecke ließ ich mich davon inspirieren, was ich über viele Jahre hinweg in der Natur gesehen hatte, von Gemeinschaften von Bäumen und Sträuchern, die mir aufgefallen waren, von Beziehungen zwischen Tieren und diesen Pflanzen. Aber auch davon, was seit dem Mittelalter üblich war.

Zu jener Zeit waren unsere Landstriche von Hecken und Wäldchen durchzogen. Sie markierten die Grenzen von Besitztümern, Lehen, Gemeinden, aber auch von Wiesen, Äckern, Weiden, und überall schützten sie vor Wind und Erosion. Sie boten dem Volk die Möglichkeit, Reisig und Feuerholz zu sammeln, aber auch Blumen, Früchte und Samen zu ernten. Die zahlreichen Tierarten, die darin Schutz fanden, sind gar nicht mitgerechnet. Um meine Recherche zu ergänzen, beschäftigte ich mich mit den Arbeiten von Dominique Soltner*, einem Agraringenieur.

Danach habe ich zur Abrundung meiner Baum- und Strauchensembles im Garten meine ganz eigenen Hecken und Wäldchen gestaltet, indem ich auf meine Intuition hörte. Ich wollte ein bestmögliches Bild der Natur anlegen, so frei und wild wie möglich, wo sich die Formen des Einzelnen zu einem Universum verbinden. Meine Hecken sind in erster Linie dem Erhalt der Artenvielfalt gewidmet und ich positioniere mich wie eine Art unter vielen in der Fauna, die im Gleichgewicht um diese Hecken und Wäldchen kreist. Ich lege meine Gestaltungen nach meinen Beobachtungen im Gelände und aufgrund meiner Verbindung zur Natur und dem wilden Leben an, und nicht nach dem, was ich kenne oder meiner Vorliebe für bestimmte Gewächse. Wir sind so, wie es das Schicksal uns bestimmt hat, ein kleiner Buchstabe im großen Buch der Zeit!

* Der Agraringenieur Dominique Soltner veröffentlichte in Frankreich zahlreiche Bücher.

Oben: Eine Zwergmispel-Sorte (*Cotoneaster*) mit Fruchtbehang.

Unten: Die nördliche Hecke meines Gartens im Mai, mit Schneeball, Eibe, Felsenbirne, Pfaffenhütchen und Blutrotem Hartriegel.

MEINE AUSWAHL DER ARTEN

Meine Auswahl ist einfach, ich gebe der Artenvielfalt höchste Priorität! Dabei ist mein Vorbild die natürliche Landschaft als Lebensraum für Tiere, mit alten Gehölzen, was für die Artenvielfalt unbedingt nötig ist. Ich wähle vor allem lokal heimische oder an das Klima und den Boden angepasste Arten aus und mische laubabwerfende, an der Pflanze welkende, so genannte marzeszente* Arten und einige wenige halbimmergrüne und immergrüne Arten dazu. Die Gesellschaft verschiedener Arten erlaubt eine Abwechslung von Texturen und Farben (Rinde, Blätter, Blüten und Früchte), sorgt für erhöhte Widerstandskraft gegen Frost und Krankheiten und hemmt die Invasion exotischer Tiere (z. B. des Buchsbaumzünslers). Dadurch wird die indigene Fauna und Flora begünstigt.

Ich kaufe in erster Linie bei örtlichen Baumschulen, weil diese Pflanzen schon regional akklimatisiert sind und daher robuster und widerstandsfähiger sind. Dadurch kann ich auch Exemplare mit interessantem, möglichst natürlichem Wuchs entdecken. Wenn nötig gehe ich in Gärtnereien oder zu Pflanzentauschbörsen und Pflanzenflohmärkten.

Feld-Ahorn mit gelbem Herbstlaub und linear gefurchter Borke, in der sich unterschiedliche kleine Insekten verbergen, die ein Festmahl für Vögel sind.

Die wichtigsten Bäume und Sträucher in meinem Garten: Ansprüche, Nutzen für die Fauna und häufigste Besucher

Bäume und Sträucher	Anspruch	Nutzen	Aufsuchende Tierarten
1 **Schwarzer Holunder** *Sambucus nigra* und 2 **Roter Holunder** *Sambucus racemosa*	**Standort:** verträgt Halbschatten. **Boden:** fruchtbare, frische Böden; lehmig bis tonig für *S. racemosa*, sandig bis lehmig für *S. nigra*. • Gut geeignet, um Lücken in Hecken zu schließen. Wertvoll für die Avifauna*. Bis in Höhen zwischen 1600 und 2000 m.	• Blütezeit im Juni-Juli (*S. nigra*) und April-Mai (*S. racemosa*) • Fruchtreife im August-September (*S. nigra*) und Juli-August (*S. racemosa*) • Insekten • Schutz	Amsel Singdrossel Rotkehlchen Mönchsgrasmücke Gartengrasmücke Zilpzalp Star Gimpel Gartenschläfer, Siebenschläfer und Mäuse
3 **Blutroter Hartriegel** *Cornus sanguinea*	**Standort:** verträgt Schatten. **Boden:** liebt lockeren Boden. • Geeignet für Lücken. Im Winter sehr dekorative rote Zweige, Blätter im Herbst rot gefärbt. Langsames Wachstum.	• Blüte im Mai-Juni • Fruchtreife im September • Insekten • Nistplätze	Amsel Rotkehlchen Heckenbraunelle Trauerschnäpper Grasmücken und Laubsänger Gimpel
4 **Kornelkirsche** *Cornus mas*	**Standort:** verträgt Halbschatten. **Boden:** liebt leichte, humusreiche Böden. • Geeignet zum Füllen von Lücken. Sehr langsames Wachstum.	• Blüte im März-April • Fruchtreife im August-September • Insekten	Amsel und andere Drosseln Mönchsgrasmücke Kernbeißer
5 **Liguster** *Ligustrum vulgare*	**Standort:** verträgt Halbschatten, liebt aber die Sonne. **Boden:** liebt kalkhaltige, fruchtbare Böden. • Halbimmergrün mit langsamem Wachstum und heckentauglich.	• Blüte Mai bis Juli • Reife Früchte von September bis in den Winter • Bietet Schutz, Nistmöglichkeit und Nahrung (Insekten und Früchte)	Amsel Singdrossel Rotkehlchen Mönchsgrasmücke Klappergrasmücke Gimpel Zwergmaus Hausspitzmaus an Heckenrändern und Wäldchen
6 **Pfaffenhütchen** *Euonymus europaeus*	**Standort:** wächst besser bei Sonne, toleriert aber auch Schatten. **Boden:** nährstoffreich, lehmig und relativ frisch. • Sehr interessant auf Abstand gepflanzt in gemischten Hecken.	• Blüte April-Mai • Reife Früchte ab August als Nahrungsquelle für Vögel • Vögel nisten gerne im dichten Gestrüpp	Kohlmeise Rotkehlchen Mönchsgrasmücke Star Amseln und andere Drosseln Buchfink

Die Zahlen beziehen sich auf die Fotos der Seiten 22–23.
Die Gehölze sind nicht alphabetisch, sondern nach ihrer Bedeutung für den Garten aufgelistet.

Bäume und Sträucher	Anspruch	Nutzen	Aufsuchende Tierarten
7 **Gewöhnlicher Schneeball** *Viburnum opulus*	**Standort:** Sonne, verträgt aber auch Halbschatten. **Boden:** bevorzugt frische bis feuchte, kalkhaltige Böden. • Sehr interessant zur Gestaltung von Hecken und Wäldchen sowie für den Vogelschutz (bedeutende Nahrungsquelle im Winter).	• Blütezeit im Mai-Juni • Beerenreife im August-September • Insekten • Schutz und Nistmöglichkeit	Zahlreiche Insekten, darunter Käfer wie der Goldglänzende Rosenkäfer auf den Blüten. Amsel und andere Drosseln Rotkehlchen Mönchsgrasmücke Kohlmeise Tannenmeise Seidenschwanz Gimpel Gartenschläfer
8 **Wolliger Schneeball** *Viburnum lantana*	**Standort:** verträgt Halbschatten. **Boden:** liebt gut belüftete, kalkhaltige Lehm- und Tonböden. • In der Hecke sehr dekorativ und von großem Wert für die Avifauna.	• Blüte im Mai-Juni • Nahrungsquelle (reife Beeren von Juli bis September, Insekten) • Schutz und Nistmöglichkeit	Verschiedenartige Insekten Amsel und andere Drosseln Gimpel kommen zur Samenernte
9 **Zweigriffeliger Weißdorn** *Crataegus laevigata* und **Eingriffeliger Weißdorn** *Crataegus monogyna*	**Standort:** verträgt Halbschatten. **Boden:** kalkhaltige, frische und tiefgründige Böden. • Sehr dekorativ in ländlichen Hecken, großer Nutzen für die Avifauna.	• Blüte im Mai-Juni • Fruchtreife im September-Oktober • Insekten • Schutz und Nistmöglichkeit für Vögel	Zahlreiche Insekten, darunter Vertreter der Gattung Bockkäfer auf den Blüten. Amseln und andere Drosseln Kernbeißer Mönchsgrasmücke Dorngrasmücke Klappergrasmücke Zilpzalp
10 **Hecken- oder Hundsrose** *Rosa canina*	**Standort:** meidet Schatten. **Boden:** liebt dichte lehmige Böden ebenso wie humose oder sandige. • Sehr für Naturgärten zu empfehlen, besonders für Hecken.	• Blüte im Juni • Früchte werden schon vor der Reife gefressen, und gereift ab Dezember • Insekten • Schutz und Nistmöglichkeit	Grünfink und zahlreiche weitere Vogelarten wie Dorngrasmücke und Klappergrasmücke. Gartenschläfer und Haselmaus Waldmäuse Fuchs
11 **Brombeere** *Rubus fruticosus* und **Himbeere** *Rubus idaeus*	**Standort:** gedeiht auf Freiflächen und in der Sonne, verträgt aber auch Schatten. **Boden:** liebt kalkhaltige, fruchtbare Böden. • Zahlreiche Sorten mit reichem Fruchtertrag.	• Blüte im Mai-Juni • Fruchtreife im Juli-August • Insekten • Schutz	Drosseln Garten- und Mönchsgrasmücken Zaunkönig Waldmaus Gelbhalsmaus Zwergmaus Haselmaus Fuchs

Bäume und Sträucher	Anspruch	Nutzen	Aufsuchende Tierarten
12 **Schlehe** *Prunus spinosa*	**Standort:** braucht Licht. **Boden:** trockene, steinige, kalkhaltige Böden. • Dornig und sehr langsam wachsend, sehr bedeutend für den Vogelschutz.	• Blütezeit im April-Mai • Früchte (reife Schlehen im Oktober) • Insekten • Schutz und Nistmöglichkeit	Im Frühling Schmetterlinge Klappergrasmücke Amsel Singdrossel Rotkehlchen Kernbeißer Neuntöter Gartenschläfer
13 **Mittelmeer-Feuerdorn** *Pyracantha coccinea*	**Standort:** viel Licht. **Boden:** bevorzugt tonige und lehmige Böden. • Sehr stacheliger, immergrüner Busch mit hübschen Blüten und Früchten für Hecken und Wäldchen.	• Blüte im Mai-Juni und manchmal eine zweite Büte im September-Oktober • Reife Früchte ab September, die sich manchmal bis in den Winter halten • Schutz und Nistmöglichkeit	Stare Amsel und andere Drosseln Rotkehlchen Mönchsgrasmücke
14 **Efeu** *Hedera helix*	**Standort:** verträgt starken Schatten. **Boden:** liebt humusreiche Böden. • Kletternder oder kriechender Strauch mit immergrünem Laub, den man so erziehen kann, dass er Mauern oder Fassaden bedeckt.	• Blüte von September bis November (späte Nektarquelle) • Im April-Mai reife Beeren, es werden aber auch unreife gefressen • Insekten • Schutz und Nistmöglichkeit	Insekten, vor allem Bienen. Früchteverzehrende Vogelarten, Amsel und andere Drosseln sowie Beerenfresser*: Mönchs-, Dorn- und Klappergrasmücken Zaunkönig Tannenmeise Schleiereule und Waldkauz Eichelhäher Ringeltaube Gelbhalsmaus
15 **Hasel** *Corylus avellana*	**Standort:** sonnig bis halbschattig. **Boden:** liebt frische, lockere Böden. • Ideal für Feldhecken und sehr günstig für die Avifauna und Kleinsäuger. Unerlässlich für den naturnahen Garten.	• Reife Früchte (Nüsse) im August–September • Insekten • Bietet Versteck- und Nistplatz	Meisen Buntspecht Kleiber Eichelhäher Tannenhäher Eichhörnchen Siebenschläfer, Gartenschläfer Haselmaus Waldmaus Gelbhalsmaus Rötelmaus
16 **Gewöhnliche Vogelbeere** *Sorbus aucuparia*	**Standort:** braucht viel Licht. **Boden:** geringe Ansprüche, begnügt sich mit jeglichen Böden. • Pionierart, Vögel verteilen seine Samen. Sehr gut frostverträglich. In Hecken, Wäldchen oder als Einzelbaum pflanzen.	• Blüte im Mai-Juni • Reife Früchte (Beeren) im August-September • Wichtige Nahrungsquelle für Vögel	Verschiedenartige Insekten Amsel Misteldrossel, Singdrossel und Wacholderdrossel Bergfink Gimpel Kernbeißer Seidenschwanz Wiesel und Marder

Bäume und Sträucher	Anspruch	Nutzen	Aufsuchende Tierarten
17 **Gewöhnliche Stechpalme**	**Standort:** wächst gut, wenn vor direkter Sonne geschützt. **Boden:** benötigt einen frischen, kalkreichen Boden. • Strauch mit dichtem, immergrünem Laub. Diözisch*, man erhält nur Früchte, wenn männliche und weibliche Pflanzen nahe beieinander stehen. Langsamer Wuchs, fügt sich gut in Hecken oder Wäldchen als Strauch ein. Als Solitärpflanze baumähnlich wachsend.	• Früchte im Herbst und Winter, die sich bis in den Frühling halten • Schutz und Nistmöglichkeit für die Fauna	Kernbeißer Drosseln, vor allem zum Verzehr der Samen oder Beeren
18 **Gewöhnliche Eibe** *Taxus baccata*	**Standort:** verträgt starken Schatten. **Boden:** liebt frische, kalkhaltige Böden. • Konifere mit langsamem, stark verzweigtem Wuchs, immergrün. In der freien Natur selten, es gibt Züchtungen für Parkanalagen und Gärten.	• Früchte (unechte Beeren, ein Samenkern mit einer fleischigen Hülle, Arillus*) sind im Oktober reif • Insekten • Schutz und Nistmöglichkeit	Kernbeißer Drosseln Rotkehlchen Zaunammer Klappergrasmücke und andere Grasmücken Ringelnatter
19 **Föhre, Wald-Kiefer** *Pinus sylvestris*	**Standort:** braucht viel Sonne, das Klima ist ansonsten egal. **Boden:** ist mit gewöhnlichen Böden zufrieden. • Nadelgehölz, sehr dekorativ, am besten als Solitärpflanzung.	• Zapfen • Insekten • Schutz und Nistmöglichkeit	Spechte, Baumläufer, Kreuzschnäbel und Finken Wintergoldhähnchen Tannen- und Haubenmeise Kleiber Waldkauz Waldohreule Eichhörnchen Feldmaus Baummarder
20 **Weiß-Tanne** und andere Tannenarten	**Standort:** Schattenspender, ziemlich winterhart. **Boden:** liebt fruchtbare und eher tiefgründige Böden sowie eine gewisse Luftfeuchtigkeit. • Besonders für große Gärten geeignet, empfindlich bei Trockenheit und starkem Frost sowie Luftverschmutzung.	• Zapfen • Insekten • Schutz und Nistmöglichkeit	Tannen- und Haubenmeisen Sommergoldhähnchen Baumläufer Fichtenkreuzschnabel Erlenzeisig Schwarzspecht Sperber Waldkauz Waldohreule Eichhörnchen Waldmäuse

Bäume und Sträucher	Anspruch	Nutzen	Aufsuchende Tierarten
21 **Hänge-Birke**	**Standort:** verträgt direkte Sonne und auch sehr niedrige Temperaturen. **Boden:** keine besonderen Ansprüche an Boden und Feuchtigkeit. • Am Rand von Wäldchen oder als Einzelexemplar. Im Herbst färbt sich das Laub golden.	• Kätzchen • Insekten • Rückzugsort, Schlafbaum und Schutz	Erlenzeisig Birkenzeisig Alpenbirkenzeisig Stieglitz Blaumeise Sumpfmeise Weidenmeise Waldohreule
22 **Gewöhnliche Hainbuche**	**Standort:** anspruchslos. **Boden:** bevorzugt lockere, frische, etwas tiefgründigere Böden, wächst auch in saurem Milieu. • Eignet sich besonders als Windschutz oder Hecke. Dazu wurde sie schon im Mittelalter ständig geschnitten, um die Parzellen einzufrieden.	• Früchte (Nussfrüchte in flügelartigen Vorblättern) • Schutz und Nistmöglichkeit, vor allem für Amseln	Buchfink Grünfink Kernbeißer Hausspitzmaus und Waldspitzmaus (oft unter der Erde am Stamm) in den Hecken und Wäldchen
23 **Feld-Ahorn** *Acer campestre*	**Standort:** viel Licht, verträgt aber auch Halbschatten. **Boden:** alle Arten von Böden mit Ausnahme von sehr nassen Flächen, bevorzugt aber kalkhaltige oder Kalk-Lehm-Gemische. • Ideal für Hecken, muss regelmäßig geschnitten werden, damit die buschige Form erhalten bleibt. Goldenes Herbstlaub ist sehr attraktiv. Bedeutend für den Vogelschutz.	• Früchte (Flügelnuss, eine Spaltfrucht). • Schutz und zahlreiche Nistmöglichkeiten	Buchfink Bergfink Grünfink Gimpel Kernbeißer
24 **Eiche**	**Standort:** viel Licht. **Boden:** tiefgründige, frische und gut durchlässige Böden. • Dichte Krone, beliebt bei einer Vielzahl von Tieren.	• Früchte (Eicheln) • Insekten • Schutz und Nistmöglichkeit	Eichelhäher Ringeltaube Waldkauz Spechte Kleiber Meisen Eichhörnchen Gartenschläfer Siebenschläfer Waldmaus Gelbhalsmaus Rötelmaus

1
2
3
4
5
6
7
8
9
10
11
12
13
14
15
16

17

18

19

20

21

22

23

24

Um diese Palette zu vervollständigen, erweitert sich meine Auswahl noch um **Gewöhnliche Felsenbirne** (*Amelanchier ovalis*) und **Kupfer-Felsenbirne** (*Amelanchier lamarckii*), deren kleine saftige und leckere Früchte auf dem Speiseplan von insektenfressenden Vögeln stehen, wenn diese ab Herbst zu Beerenfressern* werden (z.B. Mönchsgrasmücke, Dorngrasmücke) und von Fruchtfressern wie Amsel und Singdrossel.

Ich habe auch festgestellt, dass die **Aronia** mit ihren kleinen schwarzen, in Rispen hängenden Äpfelchen bei Vögeln begehrt sind, ebenso wie die **Berberitze** (*Berberis thunbergii*), ein kleiner, stachliger Strauch mit elliptisch geformten Früchten in Orangerot. Dieser Strauch gefällt vor allem der Klappergrasmücke.

Der **Gewöhnliche Sanddorn** (*Hippophae rhamnoides*) jedoch – ein kleiner Baum, der ab September ovale, orangerote, saftige aber ziemlich saure Früchte trägt, die den ganzen Winter hindurch für uns hängen bleiben – findet keinen Anklang bei den gefiederten Freunden.

Unter den Bäumen wähle ich auch die **Echte Mispel** (*Mespilus germanica*) wegen der kugeligen Früchte, den Mispeln, aus, die im Oktober reifen und nach den ersten Frösten gut schmecken.

Nicht zu vergessen die **Elsbeere** (*Sorbus torminalis*) wegen ihrer schönen roten und gelben Herbstfärbung und ihren braunen, warzigen Früchten in Rispen, welche die Vögel anlocken; und die **Gewöhnliche Mehlbeere** (*Sorbus aria*), die wegen ihrer kugelrunden orangeroten Früchte interessant ist. Sie ist essbar, für uns ebenso wie für die Tierwelt. Und auch die **Schwedische Mehlbeere** (*Sorbus intermedia*), ein kleiner sehr winterharter Baum mit dichter, runder Krone, der sogar Luftverschmutzung verträgt, ist wegen seiner scharlachroten kurzlebigen Beeren mit ihren Lentizellen* bei den Vögeln beliebt. Und zuletzt noch die **Vogesen-Mehlbeere** (*Sorbus mougeotii*), eine natürliche Kreuzung, die manchmal zur Dekoration gepflanzt wird; ihre kugeligen roten Früchte mit einem Kern sind auch für Mensch und Tier genießbar.

Um die verschiedenen Arten von Bäumen und Sträuchern zu identifizieren, besser kennenzulernen und schließlich auch zu kaufen, wäre es ideal, wenn man zu jeder Jahreszeit in den lokalen Baumschulen vorbeischaut, wo die regional heimischen Arten vermehrt werden.
Außerdem gibt es zahlreiche Bücher zum Thema. Zur interessanten Lektüre für Gartenneulinge und Fortgeschrittene gehören folgende:

- Geheimnisse der Hecken; Heilkraft, Mythen und Kulturgeschichte unserer Sträucher. Rudi Beiser. 2. Auflage, Verlag Eugen Ulmer 2024.
- Gehölze von A–Z. Andreas Bärtels. 3. Auflage, Verlag Eugen Ulmer 2023.
- Steinbachs Naturführer Bäume und Sträucher. Bruno P. Kremer. 3. Auflage, Verlag Eugen Ulmer 2022.
- Online: NABU. Hecken mit heimischen Sträuchern. www.nabu.de/umwelt-und-ressourcen/oekologisch-leben.
- Online: LfL Bayern. Kurzbeschreibungen heimischer Gehölze. www.lfl.bayern.de/iab/kulturlandschaft/181691/index.php

Man sollte auch wissen, dass man kleine Bäumchen nicht einfach aus der Natur entnehmen darf. Die meisten für wilde Hecken interessante Arten kann man jedoch auch bei lokalen Baumschulen kaufen.

1 Kupfer-Felsenbirnen (*Amelanchier lamarckii*) mit Herbstfärbung
2 Früchte der Aronia (*Aronia melanocarpa* 'Viking')
3 Beeren der Berberitze (*Berberis thunbergii*)
4 Beeren des Gewöhnlichen Sanddorns (*Hippophae rhamnoides*)
5 Schwedische Mehlbeere (*Sorbus intermedia*)
6 Frucht der Echten Mispel (*Mespilus germanica*)

QUELLE DER ARTENVIELFALT

Insgesamt habe ich in meinem Garten fünf Hecken angelegt beziehungsweise erweitert. Hier sind die überwiegend heimischen Bäume und Sträucher, die ich für die Hecken im Norden und Westen ausgewählt habe. Sie sind als landschaftliche Gestaltung und als Unterschlupf für die Fauna gedacht. Sie werden feststellen, dass auch einige Züchtungen und etwas exotischere, an die Region, den Boden und das Klima meines Gartens angepasste Arten darunterfallen, da sie besonders günstig für die Wildtiere sind. Sie dienen mir als Studienobjekte und Vergleichsbeispiele mit den heimischen wilden Arten in Hinblick darauf, ob möglicherweise ein Unterschied in der Wechselwirkung mit der Fauna bestehen könnte.
Die Gesamtlänge der beiden Heckenabschnitte beträgt etwa 85 m bei einer Breite von 2,5 m, sie haben 11 Jahre nach ihrer Pflanzung eine Höhe von 3 bis 6 m. Sie markieren die Nordwest-Ecke meines Gartens. Genauer gesagt ist im Nordosten lediglich eine Reihe in Ergänzung zu den alten Bäumen und vorhandenen Gehölzgruppen gepflanzt, während der Rest in zwei Reihen versetzt bepflanzt ist. Letztere Gestaltung ist meiner Ansicht nach zu bevorzugen, da die Hecke damit einheitlicher wird, die Pflanzen nicht in Konkurrenz miteinander stehen und keine leeren Stellen bleiben.

Verwendete Bäume und Sträucher: lokale oder an den Boden angepasste Arten

Unerlässliche Klassiker

Gewöhnlicher Schneeball wegen seiner Blüte im Frühling, die zahlreiche Insekten, darunter Bienen anlockt, und wegen der herbstlichen Beeren für die Vögel.
Kornelkirsche und **Blutroter Hartriegel** als Heckenunterpflanzung.

Der sich im Herbst gelb färbende Kolchische Ahorn bildet einen Kontrast zu den Rottönes des Japanischen Schneeballs *Viburnum plicatum* 'Mariesii'.

Gewöhnliches Pfaffenhütchen mit strahlender Herbstfärbung und Attraktivität für die Avifauna*.
Schlehe mit ihrer frühen Blüte, ideal als Nistplatz.

Entdeckungen

Kolchischer Ahorn, Wurzelaustrieb und gelbe Herbstfärbung.
Ahorn-Sorte *Acer × freemanii* 'Autumn Blaze'×, eine Kreuzung aus *Acer rubrum × Acer saccharinum* mit kräftigem Wuchs und schönem Herbstrot, gut geeignet für Kopfschnitt.
Feuer-Ahorn, ein kleiner Baum mit wunderbarem Herbstlaub, der ideal ist für kleinere Gärten und Gehölzgruppen.
Serbische Fichte, verträgt Trockenheit, sehr gerade mit regelmäßiger, kegelförmiger Statur, geeignet für Ränder oder Ecken.

Die Bäume und Sträucher meiner Hecke
Von einigen Arten wie Schneeball, Holunder, Kornelkirsche und Hartriegel habe ich mehrere Exemplare gesetzt.

Balsam-Tanne (*Abies balsamea*)
Feld-Ahorn (*Acer campestre*)
Kolchischer Ahorn (*Acer cappadocicum*)
Ahorn-Sorte (*Acer × freemanii* 'Autumn Blaze')
Felsen-Ahorn (*Acer monspessulanum*)
Berg-Ahorn (*Acer pseudoplatanus*)
Feuer-Ahorn (*Acer tataricum* subsp. *ginnala*)
Schwarz-Erle (*Alnus glutinosa*)
Kupfer-Felsenbirne (*Amelanchier lamarckii*)
Felsenbirne (*Amelanchier ovalis*)
Hänge-Birke (*Betula pendula*)
Weiße Himalaya-Birke (*Betula utilis* var. *jacquemontii*)
Europäischer Buchsbaum (*Buxus sempervirens*)
Buchsbaum-Sorte *Buxus sempervirens* 'Rotundifolia'
Hainbuche (*Carpinus betulus*)
Edel-Kastanie (*Castanea sativa*)
Tatarischer Hartriegel (*Cornus alba*)
Kornelkirsche (*Cornus mas*)
Blutroter Hartriegel (*Cornus sanguinea*)
Haselnuss (*Corylus avellana*)
Nottingham-Hasel (*Corylus avellana* 'Nottingham')
Rote Hasel (*Corylus maxima* 'Purpurea')
Eingriffeliger Weißdorn (*Crataegus monogyna*)
Zweigriffeliger Weißdorn (*Crataegus laevigata*)
Zwergmispel (*Cotoneaster franchetii*)
Echte Quitte (*Cydonia oblonga*)
Pfaffenhütchen (*Euonymus europaeus*)
Breitblättriges Pfaffenhütchen (*Euonymus latifolius*)
Flachstieliger Spindelstrauch (*Euonymus planipes*)
Rot-Buche (*Fagus sylvatica*)
Buchen-Sorten *Fagus sylvatica* 'Dawyck Gold' und *F. s.* 'Zlatia'
Faulbaum (*Frangula alnus*)
Esche (*Fraxinus excelsior*)
Blumen-Esche (*Fraxinus ornus*)
Stechpalme (*Ilex aquifolium*)
Silberne Stechpalme (*Ilex aquifolium* fo. *argenteomarginata*)
Walnuss (*Juglans regia*)
Wacholder (*Juniperus communis*)
Liguster (*Ligustrum vulgare*)
Amerikanischer Amberbaum (*Liquidambar styraciflua*)
Rote Heckenkirsche (*Lonicera xylosteum*)
Wohlriechendes Geißblatt (*Lonicera caprifolium*)
Wild-Apfel (*Malus sylvestris*)
Mispel (*Mespilus germanica*)
Parrotie (*Parrotia persica*)
Pfeifenstrauch oder **Sommerjasmin** (*Philadelphus* sp.)
Europäische Fichte (*Picea abies*)
Serbische Fichte (*Picea omorika*)
Blau-Fichte (*Picea pungens* var. *glauca*)
Dreh-Kiefer (*Pinus contorta* subsp. *latifolia*)
Süßkirsche (*Prunus avium*)
Kirschlorbeer (*Prunus laurocerasus*)
Traubenkirsche (*Prunus padus*)
Schlehe (*Prunus spinosa*)
Douglasie (*Pseudotsuga menziesii*)
Alpen-Johannisbeere (*Ribes alpinum*)
Robinie (*Robinia pseudoacacia*)
Hecken- oder **Hundsrose** (*Rosa canina*)
Sal-Weide (*Salix caprea*)
Schwarzer Holunder (*Sambucus nigra*)
Roter oder **Trauben-Holunder** (*Sambucus racemosa*)
Vogelbeere (*Sorbus aucuparia*)
Speierling (*Sorbus domestica*)
Schwedische Mehlbeere (*Sorbus intermedia*)
Elsbeere (*Sorbus torminalis*)
Knallerbsenstrauch (*Symphoricarpos albus*)
Flieder (*Syringa vulgaris*)
Eibe (*Taxus baccata*)
Holländische Linde (*Tilia × vulgaris*)×
Berg-Ulme (*Ulmus glabra*)
Wolliger Schneeball (*Viburnum lantana*)
Schneeball (*Viburnum opulus*)
Schneeball-Sorten wie *Viburnum opulus* 'Roseum' oder *Viburnum plicatum* 'Mariesii' (Japanischer Schneeball)
Immergrüner Schneeball (*Viburnum tinus*)
Nützlicher Schneeball (*Viburnum utile*)
Insgesamt: 121 Bäume und Sträucher von 81 verschiedenen Arten!

ERFOLGREICH PFLANZEN

Ich wähle gezielt junge, wurzelnackte Pflanzen oder Containerware mit einer Höhe von 40 bis 80 cm aus, die preislich sehr interessant sind. Außerdem etablieren sie sich gut und wachsen wunderbar.

BODEN VORBEREITEN

Die Fläche für die Hecke wird entsprechend der geplanten Dimensionen vorbereitet. Man muss mit einer Heckenbreite von 2,50 m auf der gesamten Länge rechnen. Ich entferne zuerst einmal alles Gewachsene auf klassische Weise mit Werkzeugen wie Spitz- und Gartenhacke und ab Sommer mit einer Mulchschicht. Diese Lösung erlaubt eine Bodenvorbereitung ohne große Anstrengung, und im Herbst kann ich dann pflanzen. So haben die Pflanzen über den Winter Zeit anzuwurzeln und man muss nicht viel gießen.

Beim Pflanzen entferne ich zuerst etwas die sommerliche Mulchabdeckung und grabe entweder für jedes Exemplar ein Loch oder ich hebe zwei Pflanzgräben im Abstand von 1,20 m bis 1,50 m aus. Zunächst einmal gilt es die Höhe der ausgewachsenen Pflanzen zu beachten. Ich setze die größten Bäume und ausgewählte Sträucher nach hinten, die kleinen davor, wobei sie möglichst abwechselnd stehen sollten (siehe das Schema in der Zeichnung). Man kann mit Texturen, Farben und Formen paarweise abwechseln und mit Immergrünen, Halbimmergrünen, marzeszenten* und laubabwerfenden Arten spielen. Danach verteile ich den Mulch wieder über die gesamte Fläche der Hecke oder ich bringe ordentlich Mulch um jede einzelne Pflanze herum aus.

DER WICHTIGE STOCKSCHNITT

An einem schönen Spätwintertag – nach den letzten Frösten des zweiten Winters nach dem Auspflanzen und nur dann – schneide ich die laubabwerfenden Bäume und Sträucher auf 10 bis 20 cm über dem Boden zurück, um die bodennahe Partie der Hecke dicht zu bekommen. Die Immergrünen schneide ich nicht oder nur geringfügig zurück, weil sie nicht so gut nachtreiben und langsam wachsen. Durch diesen besonderen Schnitt wächst die Hecke kräftig in die Höhe und Breite, was für ihre Einbindung in die umgebende Landschaft und ihre Attraktivität für die Tierwelt wichtig ist.

Damit eine Hecke dicht wächst, kann man alljährlich einen Schnitt 10 bis 20 cm oberhalb der Höhe des Vorjahresschnitts durchführen.

VERSETZTE PFLANZUNG

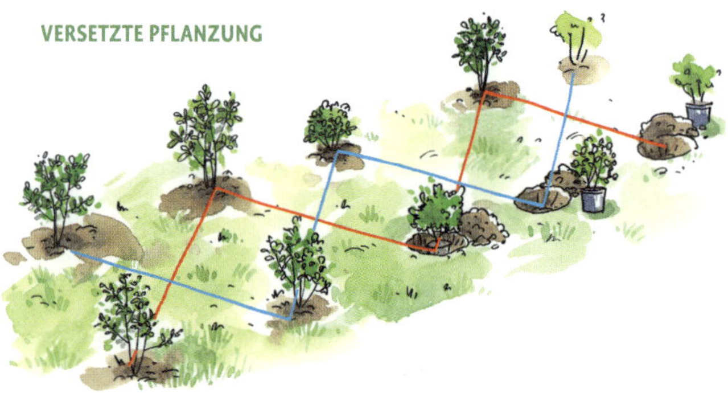

STOCKSCHNITT

WIE WIRD GESCHNITTEN?

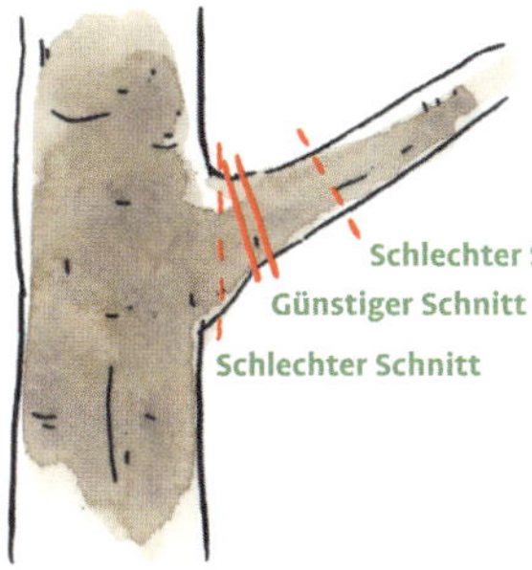

Wenn ich die Äste am Stamm eines Baumes oder Strauches abschneide, verschließt der Baum oder Strauch seine Wunde durch Vernarbung selbst. Damit sich diese Narbe richtig bilden kann, schneide ich niemals unmittelbar am Stamm entlang und lasse auch keinen Stumpf. Gute Werkzeuge zum Schneiden sind dabei unerlässlich.

PRAKTISCHER RAT

Die ersten drei Jahre nach Pflanzung der Hecke bestimmen ihre Zukunft, dabei muss das Gießen regelmäßig erfolgen, vor allem in Phasen der Trockenheit.
Mein Trick: Ich verhindere weitgehend den Wuchs von Wildpflanzen am Fuß meiner Hecken, damit sie einen guten Start haben. Mulchen mit Stroh erleichtert mir diese Arbeit, ebenso wie das Ausbringen von Grasschnitt, welken Pflanzen und Herbstlaub oder sogar ein Unkrautvlies.
Im Anschluss an die ersten drei Jahre dürfen sich die Wildblumen ansiedeln und sie sind zahlreich: Gamander-Ehrenpreis, Euphorbien, Christrosen, Labkraut, Brennnessel, Taubnessel, Storchschnabel, Kissen-Primeln, Echte Schlüsselblumen, Echter Steinsame, Knoblauchsrauke, März- oder Duftveilchen, Wald-Veilchen, Mohn, Schöllkraut, Tüpfel-Johanniskraut und sogar Orchideen wie Affen-Knabenkraut.

Oben: Klatschmohn und Leimkraut. Unten: Gemulchte junge Hecke.

UMSETZUNG

❶ Vorbereiten des Bodens mit manuellem Jäten, dadurch kann man Mehrjährige wie die Brennnessel oder Löwenzahn etc. entfernen. Oder eine kräftige Mulchschicht im Sommer vor der gepflanten Pflanzung im Herbst. Im Garten verwende ich dazu Grasschnitt, aber ich nehme auch Stroh oder biologisch abbaubares, durchlässiges Unkrautvlies.

❷ Sobald die wurzelnackten Pflanzen oder die Containerware gekauft ist, kann man über die versetzte Platzierung entlang der gesamten Länge der späteren Hecke nachdenken. Vergessen Sie dabei die Höhe der ausgewachsenen Bäume nicht, damit die höchsten im Hintergrund und die niedrigen im Vordergrund stehen.

❸ Zwei Möglichkeiten beim Graben der Pflanzlöcher: zwei parallele Gräben im Abstand von 1,20 bis 1,50 m entlang der geplanten Hecke, oder abwechselnd versetzte Pflanzlöcher mit einem Abstand von 1,20 bis 1,50 m und einer Tiefe von 50 cm und einem Durchmesser von 60 cm für jeden Baum oder Strauch (siehe Zeichnung Seite 28).

Denken Sie daran, abwechselnd laubabwerfende und immergrüne Arten zu setzen, deren Blätter sich ineinander verweben und eine dichte Hecke ausbilden.

❹ Unmittelbar vor dem Einsetzen eine gute Handvoll Hornspäne oder Hornmehl* in jedes Loch geben und mit einer Schaufel Erde bedecken, bevor die Wurzeln in Kontakt mit dem Boden kommen.

❺ Dann können Sie beginnen jede Pflanze in die Erde zu bringen. Nötigenfalls schneiden Sie beschädigte Wurzeln ab, und wenn die Triebe der Pflanze beschädigt oder abgebrochen sind, schneiden sie diese oberhalb einer Knospe ab.

❻ Die Wurzeln dürfen nicht zusammengeknäult werden. Am einfachsten setzt man darum den Wurzelballen etwas tiefer und bedeckt ihn mit etwas Erde, dann zieht man die Pflanze leicht in die Höhe, bis der Wurzelhals auf einer Ebene mit der späteren Erdoberfläche steht.

❼ Danach bedeckt man die Wurzeln mit Erde, diese ordentlich verdichten, damit sich keine Luftlöcher bilden und die Wurzeln komplett mit der Erde in Kontakt sind.

WURZELBALLEN EINSETZEN

❽ Gut eine Gießkanne Wasser an jede der Pflanzen gießen.

❾ Danach jede Pflanze reichlich mit Mulch versehen, idealerweise die gesamte Fläche der Hecke.

---

* Organischer Dünger tierischen Ursprungs, der reich an Stickstoff ist, langsam und fortdauernd im Boden freigesetzt wird und wie ein „Wachmacher“ wirkt, sobald er mit den Wurzeln in Berührung kommt.

1

2

3

4

4

5

8

9

6

7

DIE WESTLICHE HECKE MEINES GARTENS IM LAUFE DER JAHRE

1 Mit Stroh gemulchte Hecke, April 2010

2 Mit Stroh gemulchte Hecke, April 2011

3 Blüte des Schneeballs, Mai 2012

4 Hecke im Oktober 2013

5 Hecke im Oktober 2015

GEHÖLZE *vor meiner* HAUSTÜR

SORGFÄLTIG BEOBACHTEN

Bevor ich an der Ausgestaltung meines Gartens arbeite, genieße ich erst einmal darin umherzugehen, die Elemente auf mich wirken zu lassen, die Geräusche und Gerüche wahrzunehmen und in mir selbst zu versinken.

Mein Garten ist für mich vor allem ein Raum, in dem meine Sinne wach und offen sind und ich möglichst intensiv wahrnehme, was ihn ausmacht. Ich fange die Quintessenz der mich umgebenden und mich einhüllenden Welt ein. Es ist als würde ich den mir zugewiesenen Platz im Kreise alles Lebendigen wiederentdecken. Meine derart geschärfte Wahrnehmung der mich umgebenden Welt verändert sich, so dass ich die in mir steckende Energie freisetzen und mich schöpferisch betätigen kann – im Einklang mit dem, was mich tief im Inneren bewegt.

Diese 40 m² große Fläche kombiniert eine Gehölzpflanzung und zwei kleine Sumpfflächen (die zweite ist weiter hinten) vor dem Hintergrund meiner westlichen Hecke als wäre ich in der freien Natur, sie liegt aber direkt vor dem Wohnzimmerfester. Es ist nicht immer immense Größe, die Artenvielfalt hervorbringt!

IM EINKLANG MIT DER NATUR

Als stünde ich in der freien Natur, so bin ich auch von der Anmut und der Lebendigkeit berührt, die in meinem Garten entsteht, von dieser unsichtbaren, innewohnenden Kraft, die mich einlädt, Hand in Hand mit ihr zu arbeiten. Ich habe das Gefühl, von Mutter Natur begleitet und in Zusammenarbeit mit ihr angeleitet zu werden. Es ist wie ein faszinierendes Gemeinschaftswerk im Laufe der Zeit, eine Komplizenschaft voller Schönheit und bewegender Tiefe.

Auch heute ist die menschliche Sicht auf die Natur schrecklich egoistisch, kleinkariert und materialistisch. Sie blendet meistens jahrtausendealtes, tradiertes Wissen in Harmonie mit der Schönheit der Natur und viele weitere Aspekte aus.

Ich lasse mich nur von einem Gestaltungswunsch in verschwörerischem Einklang mit den Geistern der Natur tragen und ich liebe es, die Zauberkraft des Augenblicks zu spüren, die mich bei der künstlerischen Anlage des Gartens umgibt.

Ich strebe tatsächlich nach der Einheit mit der Natur. Ich möchte ihr meine Ehrerbietung erweisen, sie soll sich frei in meinem Garten entfalten dürfen und eine Ecke vor meiner Haustüre haben, wo sie herrschen darf. Das erfordert natürlich einige Eingriffe, aber ich weiß dass die Natur dadurch bereits verlorene Qualitäten wiedererlangt, und ich werde zu ihrem Beschützer und Wächter. Ich denke global, an die ganze Erde, doch ich handele lokal in meinem Garten. Dadurch biete ich der Natur ein belebendes Umfeld, wohin Tiere und Pflanzen ganz selbstverständlich zurückkehren. Das ist Magie! Ein wilder, baumbestandener Garten, ein Stück Natur zuhause, ein Flecken freier Erde, auch wenn diese Freiheit ein wenig wohlmeinende Betreuung durch einen leidenschaftlichen und versonnenen Naturalisten erfährt.

EINEN ARTENREICHEN BAUMBESTAND ANLEGEN

Tiere kommen anfangs auf der Suche nach Nahrung, Wasser oder einem Versteck in meinen Garten, doch sie bleiben nur, weil sie sich hier sicher fühlen. Daher ist es mir wichtig, den Lebensraum mit Gehölzen vielfältig zu gestalten.

Als Faustregel in der Natur gilt, je vielfältiger eine Landschaft ist und vor allem je stärker bewaldet, desto größer die Artenvielfalt der Tierwelt. Man sollte sich merken, dass im Laufe eines Jahres um jeden gepflanzten Baum herum mindestens 100 Tierarten leben, von den allerkleinsten bis zu den größten. Bei manchen Eichen übersteigt die Artenanzahl sogar die 400! Man muss also gar nicht erst groß nachdenken, ob man den Garten unbedingt mit vielen Gehölzen anlegen sollte, um nachhaltig die Artenvielfalt zu beherbergen. Außerdem trägt das Pflanzen von Bäumen auch dazu bei, die Klimaerwärmung zu begrenzen.

Bäume und Sträucher und als Unterpflanzung niedrige, mittlere und höhere Pflanzen sorgen also in meinem Garten für eine für die Fauna attraktivere Landschaft als ein Rasen, auf den vereinzelt wenige Bäume ihren Schatten werfen. Wenn ich Bäume und Sträucher setze, platziere ich sie so, wie ich es in der freien Natur beobachtet habe, und ich spiele mit dem Effekt von Waldrändern und Ökotonen, jenen Übergangsbereichen, wo verschiedene Biotope aufeinander treffen. Außerdem hat solch ein Randbereich den immensen Vorteil, dass er nur wenig Pflege braucht und den Gesamtanblick des Gartens und seine Einbindung in die umliegende Landschaft verbessert. Diese Zone eignet sich besonders gut zur Beobachtung der Tierwelt und Sie können sich sicher vorstellen, dass dies für einen Naturfotografen wie mich ein Geschenk des Himmels ist. Zudem denke ich über Symmetrie, Wuchshöhe und Statur der Bäume nach, die ich auswähle, weil sie meinen Garten optisch rahmen.

ICH BINDE DEN GARTEN IN DIE LANDSCHAFT EIN

Jeder Garten, den ich angelegt oder verbessert habe, wurde aufgrund seiner Potenziale in Abhängigkeit von Lage und Standort innerhalb der Landschaft bewertet, um ihn für die Fauna attraktiver zu machen und zugleich harmonisch in die Schönheit des Ortes einzubinden.

Mein alter Garten befand sich am Waldrand. Da ich wusste, dass er überwiegend Waldtiere anlocken würde,

Links: Die westliche Hecke hinter der Gartenhütte wirkt wie ein Waldrand.
Rechts: Einer der letzten Teiche, die ich in meinem Gartenparadies zur Einbindung in die Landschaft angelegt habe.

pflanzte ich passende Bäume. Damit wurden nicht nur die Tiere zum Besuch verleitet, der Garten fügte sich auch in die umgebende Landschaft ein. Beim Projekt *Mein paradiesischer Garten*, wo ich heute lebe, lag das Gelände in einem von Wiesen, besser Weideflächen, umgebenen Weiler. Der Garten wurde als eine Art Oase voller Bäume angelegt, um eine möglichst große Vielfalt an Arten anzulocken. Das gilt auch für die Anlage eines Teiches, dabei ist es nötig, in der Nähe die geschlossene Fläche einer kleinen Baumgruppe mit Bäumen und Sträuchern zu gestalten, damit die Attraktivität für die Fauna gesteigert wird.

Außerhalb des Gartenparadieses verläuft entlang der Ostgrenze eine Dorfstraße. Mir war gleich klar, dass die Mobilität der Tiere hier stärker eingeschränkt sein würde, ein wenig wie in der Stadt. Also entschloss ich mich, diesen Bereich mit seinen vorhandenen Pflanzen um verschiedenartige Sträucher zu ergänzen, damit das Ensemble dichter würde. Es ist Windschutz, verringert die Lärm- und andere Verschmutzung, doch gleichzeitig können sich die Vögel zum Schutz zurückziehen und leicht verschwinden.

Damit Ihr wilder Garten ein Erfolg wird, empfehle ich Ihnen, den Garten nach dem Beispiel der Natur zu gestalten. So entsteht ein kleines „Baumparadies“ für Fauna und Flora.

GRUNDSÄTZE UND ERFOLGSGARANTEN

Wenn ich meinen Garten gestalte, pflanze ich die Bäume und Sträucher stets in Ergänzung zu dem schon vorhandenen Bestand. Die abwechslungsreichen von mir gepflanzten Hecken und Gehölzgruppen sowie der Erhalt alter Bäume in meinen verschiedenen Gärten sind absolut notwendig, damit diese Naturräume eine reiche Artenvielfalt bilden können, in der es sich gut leben lässt. Bevor ich eine Gestaltung im Garten beginne, nehme ich mir Zeit zum Nachdenken und stelle mir jedes Mal die gleichen Fragen.

- Stehe ich im Einklang mit der Natur und der Ausgewogenheit meines Gartens oder werde ich ein zerbrechliches Gleichgewicht stören?
- Wo und wie kann ich Gestaltungen mit Gehölzen oder anderem anlegen, um die Wildfauna anzulocken?
- Welche Arten von Bäumen und Sträuchern wähle ich und wo setze ich sie, damit sie sich bestmöglich in die Landschaft einfügen?
- Welche Vorteile für Fauna, Flora und mich selbst werden daraus im Alltag entstehen?

Ich arbeite Hand in Hand mit der Natur. Meine Rolle besteht schlicht und einfach darin, im Einklang mit der Natur zu werkeln. Ich weiß ganz genau, dass sich eine vielfältige Fauna und Flora von selbst um die von mir gepflanzten Baume und Sträucher herum einstellen wird. An einer Stelle werde ich zum Beispiel einen Pfad über Plankenroste anlegen, damit man besser laufen kann, aber auch als Ausguck zur Beobachtung wie bei den Terrassen neben meinen Gartenhütten.

Ich kann sagen, dass die Natur meinen Wunsch zur Zusammenarbeit spürt und auf ihre ganz eigene Art lässt sie es mich gelegentlich wissen. Ich habe das tiefe Gefühl, von einer Kraft gelenkt zu werden, oder von gewissen, besonderen Orten angesprochen zu werden, die mir in den meisten Fällen neue Chancen bieten, mit der Natur zusammenzuarbeiten. Ich weiß, dass mir genau in diesem Moment diese Zusammenarbeit angeboten wird, wobei meine Zugehörigkeit zur großen Familie allen Lebens bestätigt wird. Es gibt nichts Göttlicheres als dieses gemeinsame Leben.
Als aufmerksamer Beobachter und Naturfotograf **habe ich schon lange verstanden, dass in allem die Schönheit wohnt. Nicht sie fehlt vor unserem Auge, sondern unser Blick kann sie nicht wahrnehmen**. Wenn ich mit dieser Haltung arbeite, verwandle ich meinen Garten im Laufe der Zeit in einen Hafen des Friedens und des Glücks, wo man wieder neue Energie tanken kann. Er wird im Laufe des Jahres in gewisser Weise zum Vorzimmer noch wilderer Orte und ein Bindeglied zwischen meinem Haus und der umgebenden Landschaft. Immer muss man aber bedenken, dass der Garten umso reicher an Arten wird, je mehr Gehölze darin gepflanzt sind!

Junger Grünspecht, der von den Wiesen- und Gehölzflächen meines Gartens angelockt wurde.

Unauffälliger Waldkauz!

Der selten beobachtete Waldkauz (*Strix aluco*) wartet die Dunkelheit ab, um zu jagen und sich bemerkbar zu machen. Im Herbst führt er meistens ein einsames Leben auf der Jagd nach Wald- und Feldmäusen. Neben seinem kräftigen „kivick“, das nicht nur die Weibchen ausstoßen, obwohl man es von ihnen vor allem im Winter als Antwort auf die Rufe des Männchens am häufigsten hört, macht er sich mit einem durchdringenden, gut einen Kilometer weit hörbaren Gesang bemerkbar. Es ist vor allem diese bekannte und markante Klage des Huhuuu oder langgezogenen Huhuhuuuu, das seine Anwesenheit verrät, vor allem im Oktober und November, wenn die Männchen ihr Revier markieren, auch wenn der Ruf oft auf die ersten Töne beschränkt ist. Das ist meistens schon alles, was man vom Waldkauz mitbekommt. Gelegentlich überrascht er bei Tage mit seiner runden Silhouette, dem markanten Gesicht und den großen dunklen Augen, wie er eng an einem Baumstamm oder auf einem Ast in hohen Bäumen oder dichtem Efeu hockt. Der Waldkauz ist sehr ortstreu. Wie alle nächtlichen Greife ist seine Art streng geschützt.

In meinem paradiesischen Garten hat diese jagende Eulenart vor meiner Ankunft nicht gebrütet. Nach dem Vorbild der Natur habe ich die alten Bäume des Gartens erhalten. Dazu habe ich Hecken und gemischte Baumgruppen mit Bäumen und Sträuchern als Ergänzung gesetzt. Eigens für den Waldkauz hängte ich einen Nistkasten auf und seit 2011 brüten die Vögel hier im Garten, aber nicht immer im Nistkasten!

Dieser erwachsene Waldkauz beobachtete mich direkt über mir aus einem Berg-Ahorn, bevor ich ihn bemerkte. Ich gehöre zu seinem Lebensraum, so wie er zu meinem!

MEINE SIEBEN GRUNDSÄTZE

1. Ich zwinge mich, die Pflanzungen abwechslungsreich anzulegen, wobei heimische Arten Vorrang haben. Dabei vermeide ich Einzelexemplare.

2. Ich pflanze frei gestaltete Hecken als Windschutz, vor allem als Schutz vor den winterlich frostigen Winden; auch sie begünstigen die Artenvielfalt.

3. Ich lege Wäldchen und Baumgruppen an, bei denen ich immergrüne Bäume und Sträucher mit sommergrünen und marzeszenten* Arten auf dem Grundstück kombiniere, um schattige Bereiche zur Temperaturregulierung in Hinblick auf die Klimaerwärmung zu erhalten.

4. Ich bevorzuge Pflanzen, die als Nahrungsquelle für Tiere dienen, wobei meine Auswahl blühende Bäume im Frühling und Früchte tragende Baumarten im Herbst umfasst.

5. Ich setze Bäume und Sträucher von moderater Größe in der Nähe des Hauses, um die Wildfauna zur Beobachtung anzulocken.

6. Ich binde mein Haus mit Hilfe von Kletterpflanzen in die Gehölzflora des Gartens ein.

7. Als Ergänzung zu den verschiedenen Gehölzgruppen montiere ich ab dem Winter Nisthöhlen zur Ansiedlung von Höhlenbrütern* im Frühling. Im Winter verteile ich zudem Futterplätze in den als Nahrungsquelle dienenden Pflanzen und Sträuchern der Hecken und Gehölzgruppen, die ich nur bei strengster Kälte befülle.

1 Amsel
2 Terrasse und Gehölzgruppe als Ergänzung zur Hecke.
3 Planken als Weg und Beobachtungspunkte

Herbstlicher Wohltäter

Im Herbst sind die Blüten für Insekten rar, vor allem für die Bienen. Glücklicherweise kommt nun die Blütezeit des Gewöhnlichen Efeus (*Hedera helix*), der eine Nektarquelle für Bienen ist. Diese kletternde oder kriechende, verholzende Pflanze kann Steine, Mauern, Fassaden und alte Bäume bis in eine Höhe von 20 bis 30 m erklimmen, lebt mehrere Hundert Jahre und heftet sich mit Hilfe kleiner Wurzelkrallen an. Wichtig ist, dass diese Haftwurzeln keine Rolle bei der Aufnahme von Nährstoffen spielen und lediglich zum Klettern dienen. Efeu parasitiert nicht an Bäumen. Man hat also die Chance, zu dieser Jahreszeit den aufgeregten Tanz der Insekten auf den zweigeschlechtlichen Blüten zu beobachten. Sie stehen aufrecht als kugelige Dolden endständig an den Trieben dieser erstaunlichen Pflanze. Efeu ist nicht nur ein Wohltäter für die Bienen, er dient auch als Behausung und Deckung für zahlreiche Vogelarten und Kleinsäuger, die in den Beeren ein Auskommen für die schlechte Jahreszeit finden.

1 Blüte des Efeu (*Hedera helix*)

2 Weiblicher Buntspecht an einem von Efeu umrankten Stamm.

1. Vielfältige, frei wachsende Hecke
2. Einzelbäume in Hecken, Gehölzgruppen oder Wäldchen (große Bäume)
3. Artenreiche Gehölzgruppe, heckenartig
4. Alter Stamm oder abgestorbener Baum
5. Koniferen
6. Steinmauern
7. Benjes- oder Totholzhecken und Holzhaufen
8. Naturteiche und kleine Wasserlöcher
9. Aufgeschichtete Steine
10. Beplankter Weg
11. Gartenhütte, Werkzeugschuppen, Pavillon
12. Blumenwiese
13. Wald und Lichtung (große, alte Bäume)
14. Kleiner Obstgarten
15. Gemüsegarten
16. Wohnhaus

MEINE HECKEN *und* GEHÖLZGRUPPEN

DIE ROLLE VON GEHÖLZEN IN MEINEM GARTEN

In meinem Garten bietet die Struktur eines Baumes vom Boden über die Rinde, seine Äste und Blätter bis hinauf in die Krone eine Vielzahl von Versteckmöglichkeiten und Plätze für eine artenreiche Fauna sowie Nistmöglichkeiten für Vögel. Durch das Pflan zen von Bäumen und Sträuchern imitiere ich einen natürlichen Wald und mein Garten wird zum Lebensraum für Tiere.

SORGFÄLTIGE AUSWAHL – WICHTIG FÜR DAS GLEICHGEWICHT

Die schützende Funktion von Bäumen und Sträuchern einer Hecke gegen Wind und sengende Sonne ist von größter Wichtigkeit. Sie werden verstehen, dass es daher bedeutend ist, Bäume und Sträucher im Kampf gegen die Klimaerwärmung zu pflanzen. Lebendige und vielfältige Hecken wurden ursprünglich als Schutz gegen die vorherrschenden Winde gesetzt. Sie verbessern durch ihre Wurzeln auch den Boden und erhalten die Fruchtbarkeit. Außerdem speichern sie eine Menge Feuchtigkeit, sorgen für die Bildung von Tau und verschönern die Landschaft. Sie dürften mir zustimmen, dass Gehölze einen großen Nutzen für den Garten haben. Gestalten Sie lieber frei wachsende Hecken als getrimmte, denn letztgenannte bringen weder Blüten noch Früchte hervor.

Sträucher sind wie Bäume besonders attraktiv, sowohl für die Gärtner, als auch für die wilde Fauna. Eine sorgfältige Wahl der Baum- und Straucharten für eine ländliche Hecke oder eine Baumgruppe im Garten ist ein Garant für friedliche Rückzugsorte, Lebensraum und Deckung für die Vertreter der Tierwelt, die dem Gärtner das ganze Jahr hindurch Nutzen bringen. Bäume und Sträucher, deren Laub abgeworfen wird oder verwelkt bis zum nächsten Austrieb hängen bleibt, bieten je nach Jahreszeit einen spektakulären Anblick. Bei guter Wahl erlebt man im Frühling eine schöne Blüte, im Sommer schattiges Laub, im Herbst bunte Farben und Beeren oder andere Früchte und im Winter interessantes Geäst.

GUTE PLATZIERUNG – EIN GARANT FÜR ARTENVIELFALT

Bei Bäumen ist die Auswahl des Standorts wichtig dafür, dass auf lange Sicht und mit Erfolg Tiere angelockt werden. Pflanzen Sie die Bäume an der Grenze des Gartens, damit sie mit dem umgebenden Lebensraum verschmelzen, Ihre Privatsphäre schützen und zugleich auch noch schöne Aussichten vom Haus aus erlauben.
Idealerweise pflanzt man dazu vielfältige wilde Hecken sowie dazu passende Gehölzgruppen. Wenn es auf Ihrem Grundstück schon Bäume gibt, überlegen Sie sich bitte sorgfältig, ob Sie sie kürzen oder fällen. Ausgewachsene Bäume sind wertvoll, machen Sie sich daher die Mühe, den Garten um sie herum zu gestalten. Geben Sie ihnen einen Ehrenplatz und legen Sie dazu noch artenreiche Hecken und Gehölzgruppen an.

Links: Meine alte Sal-Weide, berankt von einer Glyzine vor der Hecke an der Nordseite.
Rechts: Mein Gartenparadies im Herbst, nordöstliche Ecke.

ATTRAKTIVITÄT DER IMMERGRÜNEN

Immergrüne Bäume wie zum Beispiel Koniferen akzentuieren das Grundgerüst des Gartens und ihre Gestalt ist bedeutungsvoll, nicht zu unterschätzen ist aber auch ihr Nutzen als Unterschlupf und Versteck für viele Tiere. Viele Immergrüne locken Insekten an, die wiederum die Leibspeise mancher Vogelarten sind. Alle diese immergrünen Arten sind sichere Orte und winterliche Ruheplätze. Wählen Sie bevorzugt **Tannen, Fichten, Kiefern, Europäische Lärche und Eibe**, und machen Sie einen großen Bogen um die ganzen Thuja-Sorten mit ihrem langweiligen Aussehen und meiden Sie auch zu exotische Koniferen. In einem Garten geht es jedoch nicht darum, dichte Ansammlungen der genannten Arten zu pflanzen. Man mischt sie eher unter die laubabwerfenden Arten, damit sie eine wunderbare Kulisse dafür bilden. Es geht darum, ein Gleichgewicht zu finden, so dass am Ende aus der Auswahl eine bemerkenswerte Pflanzengemeinschaft von laubabwerfenden und immergrünen Gewächsen entsteht. Man kann sich der ständig grünen Koniferen bedienen, um die kurzzeitige Frühlingsblüte oder die leuchtende Herbstfärbung der laubabwerfenden Arten hervorzuheben.

Dieser Aspekt lässt mich an meine Reisen in die kanadischen Wälder denken. Dort habe ich die Harmonie zwischen laubabwerfenden und immergrünen Arten erlebt: die **Balsam-Tanne** (*Abies balsamea*) als Hintergrund für den **Rot-Ahorn** (*Acer rubrum*), einen der Bäume, die zur Schönheit des Altweibersommers in Kanada beitragen, und auch den Vermont-Ahorn (*Acer spicatum*), eine kleine, im Unterholz wachsende Art mit Herbstfärbung.

Im Herbst bildet das goldgelbe Laub des Kolchischen Ahorns einen zauberhaften Kontrast zum Blaugrün der Balfours-Fichte.

Ein Sommergoldhähnchen neben dem Nest einer Schwanzmeise in einer Blau-Fichte.

Meine „bioschönen“ Tannen …

Am Eingang meines Gartens bieten drei großartige **Nordmann-Tannen** (*Abies nordmanniana*) einer Menge kleiner Wirbelloser wie Spinnentieren und Nadeln verzehrenden Raupen ein Zuhause. Sie stehen auf dem Speiseplan von kleinen Vögeln wie der **Tannenmeise** und der **Goldhähnchen**, den kleinsten europäischen Vögeln, die in Nadelbäumen leben. Das **Sommergoldhähnchen** findet dort Schutz für den Bau des Nestes in den Zweigen. Manchmal halten sich auch **Wintergoldhähnchen** darin auf, die Schutz und Lebensraum finden. Die **Waldohreule** ist auch da, aber schwer zu sehen. Ich beobachte sie manchmal ab März hinter dem Schleier der Zweige, sobald das Männchen seinen charakteristischen Gesang ertönen lässt. Im Winter profitiert diese Eule tagsüber an ihrem Sitz von den Zweigen, denn sie bieten ihr Sichtschutz. Die Art brütet manchmal hier, wobei sie die ausgedienten Nester von Ringeltauben oder Rabenvögeln nutzt.

Die Zapfen der Nadelbäume locken auch durchreisende **Fichtenkreuzschnäbel** und manchmal die **Eichhörnchen** an. **Gelbhalsmäuse**, die sehr gut klettern können, ernähren sich von abgefallenen oder noch in den Ästen hängenden Zapfen. Ich konnte auch den **Marder** auf der Jagd nach Eichhörnchen beobachten. Mit zunehmendem Alter werden diese drei Bäume immer weiter zur Vielfalt in meinem Garten beitragen und sogar in abgestorbenem Zustand werden sie Spechten wie dem **Bunt-** und dem **Schwarzspecht** als Nahrungsquelle dienen oder sie bieten manchen in Höhlen lebenden Kleinsäugern und Vögeln ein Versteck oder ein Zuhause.

1

2

1 Fichtenkreuzschnabel
2 Eichhörnchen
3 Marder
4 Waldohreule
5 Gelbhalsmaus
6 Tannenmeise
7 Sommergoldhähnchen

3

4

5

6

7

Eine besonders winterharte Kiefer

Die Berg-Kiefer (*Pinus mugo*) existiert in zwei Formen. Entweder wächst sie als Baum mit einer Höhe von 10 bis 25 m (subsp. *uncinata*, die Berg-Spirke) oder ähnlich wie ein Strauch mit einer Höhe von 2 bis 4 m und gewundenen Ästen (*Pinus mugo* subsp. *mugo*, die Latsche). Als Überlebender der letzten Eiszeit kann dieser Baum immens viel ertragen ohne abzusterben. In großer Höhe über dem Meeresspiegel hat sich seine gute Winterhärte bewährt. Man trifft ihn in subalpinem* Gelände oberhalb der Buchen- und Tannen-Mischwälder. Diese Kiefer verträgt den Frost sehr gut und gibt sich mit kargen Böden und geringer Substratdecke zufrieden, solange sie viel Licht bekommt. Sie benötigt eine mittlere Feuchtigkeit. In den Bergen schützt sie den Boden vor Erosion und Lawinen. In den Niederungen pflanzt man sie oft als Zierelement. Sie wächst in großer Zahl in den Pyrenäen, den Vogesen und den Westalpen. Die Zapfen des Baumes der Unterart *P. m.* subsp. *uncinata* mit aufrechtem Wuchs und einer maximalen Höhe von 25 m sind bedeckt von gekrümmten, hakigen Schuppen, weshalb der Baum auch den Trivialnamen Haken-Kiefer trägt. In meinem Garten bevorzuge ich die strauchförmige, an den Garten angepasste Unterart *P. m.* subsp. *mugo*. Sie eignet sich wunderbar, um attraktive Gehölzgruppen für Vögel wie die Tannen- und die Haubenmeisen oder die Goldhähnchen und viele andere anzulegen!

1 Weidenmeise

2 und 4 Haubenmeise

3 Zapfen der Haken-Kiefer (Berg-Spirke)

3

4

Bekanntschaft mit der Haubenmeise

Diese hübsche Meise liebt dichte Verstecke in den Nadelwäldern, aber auch im Mischwald, wo man ihre bemerkenswerte Wendigkeit beobachten kann. Sie bewegt sich schnell zwischen Ästen und dünnen Zweigen, inspiziert auf akrobatische Weise die Borke der Stämme und die langen Flechtenbehänge, wo sie ihr Futter aufspürt: kleine Insekten und deren Larven, aber auch die Samen der Koniferen. Oft sucht die Haubenmeise (*Lophophanes cristatus*), die an der Haube gut erkennbar ist, ihre Nahrung auch in den unteren Ästen oder am Boden.

Eher ein Einzelgänger als andere Meisenarten, scheint sie nicht so scheu, man kann sich ihr jedoch nur schwer nähern, weil sie immer auf dem Sprung ist, in der Deckung der Nadelbäume zu verschwinden. Ab Herbst zieht ein Teil der Vögel umher und begibt sich in der Gesellschaft von Tannenmeisen und Goldhähnchen bis in Parks und Gärten, wo Koniferen wie Kiefern und Lärchen wachsen.

Ein erstaunlicher Hautflügler!

Zahlreiche Insektenarten haben ungewöhnliche Talente entwickelt, um ihrer Nachkommenschaft eine optimale Entwicklungsmöglichkeit zu bieten. Die **Holzwespen-Schlupfwespe** (*Rhyssa persuasoria*) ist eine parasitisch lebende, 25 mm lange Schlupfwespe aus der Familie der Ichneumonidae (Echte Schlupfwespen). Auch wenn er beeindruckend und stark bewaffnet aussieht, ist dieser Hautflügler absolut nicht angriffslustig und der Pseudo-Stachel dient nur der Eiablage: Das Weibchen dieser Art nimmt die Schwingungen von Larven der Riesen-Holzwespe (*Uroceras gigas*) wahr, die sich Gänge unter der Rinde von Bäumen, vor allem Kiefern fressen. Hat das Holzwespen-Schlupfwespen-Weibchen erst einmal die Beute entdeckt, bohrt sie mit dem Legebohrer mehrere Zentimeter ins Holz, um die Larve der Riesen-Holzwespe mit einer Dosis Gift zu lähmen. Danach legt sie auf dem Körper der Larve ein Ei. Das Ganze wiederholt sich bei weiteren im Holz lebenden Larven. Jede schlüpfende Schlupfwespen-Larve frisst ihre Wirtslarve von außen her auf und kann sich mit Hilfe der kräftigen Mundwerkzeuge schließlich durch die Rinde nach draußen beißen.

Die Art ist in Kiefern- und Tannenwäldern weit verbreitet und lässt sich im Sommer beobachten. Die Klimaerwärmung, vor allem der Anstieg sommerlicher Temperaturen, wird die Ausbreitung dieser Art bis in unsere Gärten mit Zierkoniferen sicherlich begünstigen.

Um ihr die Ansiedlung zu erleichtern, legen Sie am besten Wildblumenwiesen mit Doldenblütlern (Apiaceae) an. Die adulten Exemplare dieses erstaunlichen Insekts lieben nämlich die Blüten dieser Pflanzenfamilie, an denen sie mehr herumfressen als sie zu bestäuben. Verbessern Sie Ihren Garten durch die Anlage wilder Ecken und mit einer Mischung aus Laub- und Nadelbäumen in den Hecken, Baumgruppen und Dickichten.

Die außergewöhnliche Holzwespen-Schlupfwespe

Nicht zu vergessen der Buchsbaum

Mit Buchs, bei den Griechen und Römern ein Sinnbild der Unsterblichkeit, feierte man am Palmsonntag den triumphalen Einzug von Jesus in Jerusalem. Er bildet zusammen mit anderen Immergrünen schöne Gebüsche oder Hecken, zu denen die buntere Bepflanzung des Gartens einen zauberhaften Kontrast schafft. Das helle, harte Holz des Buchsbaums hat eine feine Maserung und sieht nach dem Polieren sehr schön aus.

In Südeuropa heimisch (in Frankreich haben sich einige schöne Buchsbaumwälder in den Pyrenäen erhalten), in Deutschland aber nur vereinzelt wild vorkommend, ist der Europäische Buchsbaum (*Buxus sempervirens*) an die undankbarsten, kalkhaltigen Böden gut angepasst. Bis in eine Höhe von 1600 m widersteht er den strengsten Wintern und er bleibt das ganze Jahr hindurch grün. Zusammen mit einigen Koniferen bildet er wunderbare Windschutzhecken, von denen sich die buntere Vegetation schön abhebt. Je trockener und kalkhaltiger sein Standort ist, desto wirkungsvollere schöne Goldtöne nimmt er an.

Bei der Pflanzung muss der Boden mit guter Komposterde oder einem langsam freiwerdenden Dünger verbessert werden. Gießen Sie reichlich und verteilen Sie Mulch um die Pflanze. Man sollte nicht vergessen, dem Strauch alljährlich etwas Kompost zu geben, damit das langsame Wachstum etwas „angeschoben" wird.

In meinem Garten sind alle gepflanzten Exemplare trotz der Angriffe durch den Buchsbaumzünsler kräftig geblieben. Das liegt ganz einfach daran, dass sie in den Hecken und Gehölzgruppen in der Gesellschaft von anderen immergrünen Laubträgern stehen. So haben sie der Invasion getrotzt und die reiche Vogelschar im Garten hat den Rest erledigt!

Beispiel für eine Buchseinfassung am Wegesrand, die dem Buchsbaumzünsler widerstanden hat, weil der Buchs mit anderen immergrünen und sonstigen Arten gemischt gepflanzt wurde. Im Sommer geht er hier in der Vegetation auf (oben) und im Herbst sieht man ihn zwischen Ahorn und Zaubernuss (unten).

VERBINDUNG VON HARMONIE UND ÖKOLOGIE

Bei der Ansiedlung wilden Lebens muss man sich vorab Gedanken darüber machen, wie die Gartenparzelle in Verbindung mit dem Naturraum darumherum gebracht werden kann, indem man entsprechende Arten wählt. Dann schafft man eine ausreichend dichte und ausgewogene Pflanzendecke, indem man unterschiedliche Arten von Bäumen und Sträuchern harmonisch mischt. Die größten Exemplare (immer ausgehend vom ausgewachsenen Individuum) stehen hinten im Garten, während die kleineren im Vordergrund wachsen. So macht der Garten den Eindruck, als ob man am Rand eines Waldes steht. Ich nenne das den „Waldrand-Effekt", der die Vielfältigkeit und die ökologische Bereicherung in sich birgt. Im Lauf der Zeit wird das Leben im Garten immer üppiger, es bietet dem Gärtner reichlich Eindrücke und erzeugt einen tief reichenden Respekt für den Geist des Ortes in Verbindung mit großer Artenvielfalt.

DAS GEHEIMNIS DER ARTENVIELFALT

In der Natur steckt das Geheimnis der Artenvielfalt des Waldes in der Verschiedenartigkeit der ökologischen Nischen. Denken Sie daran, dass ein einziger Baum mehr als 100 verschiedenen Tierarten, ganz winzigen und ganz großen, Schutz bieten kann. Lebendige und vielfältige Hecken sind quasi so etwas wie Mini-Wälder in einer Reihe, darin liegen ihre Attraktivität und der große Vorteil, wenn es um das Anlocken einer Vielfalt an Arten im Garten geht. Aufgrund meiner Beobachtungen verstehe ich nun, dass man die gesamte Vielfalt eines natürlichen Waldes reproduzieren kann, sofern man Bäume und Sträucher wohlüberlegt in Form von Hecken und Gehölzgruppen im Garten anpflanzt. Jeder ausgewachsene Baum im Garten hat seinen Reiz als Lebensraum und wird zum interessanten Rückzugsort für eine artenreiche Fauna.

In allen Lebensgemeinschaften entstehen Nahrungsketten aufgrund der unterschiedlichen Ernährungsweisen der Tiere. Das Konzept der Nahrungskette spiegelt dabei nur einen einzelnen „Strang" dieser natürliche Prozesse. Die Beziehungen zwischen Nahrung und Fresser innerhalb eines natürlichen Ökosystems bilden aber eher ein Netz. Das gilt im gleichen Maße für den Garten.

Hecken und Baumgruppen stellen die Vielfalt eines wilden Waldes nach.

Das ungeahnte Leben in den Baumwipfeln

Ein Baum ist für sich gesehen ein Ökosystem. In allen Etagen kann sich reiche Fauna tummeln. Vögel geben ihre Anwesenheit durch Gesang und Rufe preis. Im Reich des Waldes sind sie in allen Etagen vertreten. Manche Arten suchen besonders die Höhe, wo sie reichlich Nahrung finden, zum Beispiel der **Kleinspecht** und die **Meisen**, oder Nistplätze wie der **Pirol** oder der **Waldkauz**. Auf den Wipfeln lassen sich aber auch manche Säugetiere beobachten. Das Treffen mit einem **Marder** oder einem **Eichhörnchen** auf Augenhöhe sind bewegende Momente. Andere Arten wie die **Fledermäuse** nutzen gelegentlich zerfurchte Stämme als Schutz oder sie jagen bei Einbruch der Nacht zwischen den Ästen. Andere Tiere besiedeln alle Etagen des Waldes, insbesondere die Oberflächen der Baumstämme und Äste. Hier leben die Insekten, Grundlage zahlreicher Nahrungsketten und zugleich führende Zersetzer. Manche bleiben nahezu unbemerkt, andere wie die **Käfer** oder manche **Schmetterlinge** werden vom Licht der Sonnenstrahlen angelockt, die durch das Kronendach fallen. Die Wipfel der Bäume sind eine bemerkenswerte und wunderbare Welt. Entdecken wir sie mit Respekt.

In den Baumkronen sieht man manchmal Eichhörnchen oder Fledermäuse.

1

2

3

4

5

6

7

8

ETAGEN DER BAUM- UND STRAUCH-SCHICHT

1. Waldkauz
2. Mönchsgrasmücke (männl.)
3. Wespenspinne
4. Europäisches Eichhörnchen
5. Sperber (männl.)
6. Eichelhäher
7. Großes Heupferd
8. Gartenbaumläufer
9. Rotkehlchen
10. Rotfuchs (schwarzer Farbschlag)
11. Schachbrett im Hochzeitsflug
12. Grünspecht
13. Gelbhalsmaus
14. Haselmaus
15. Lederlaufkäfer
16. Roter Weichkäfer

Jedes Tier spielt eine individuelle Rolle, um das natürliche Gleichgewicht in allen Etagen der Hecken und Baumgruppen zu wahren (siehe dazu auch die folgenden Seiten).

1
4
2
6
8
12
7
3
11
15

9
5
10
14
16
13

Rendez-vous mit der alten Eiche

Insekten und Säugetiere leben unter der Haube der alten Eiche in großer Zahl, aber sie sind meistens kaum zu sehen. Gut 40 Arten (Würmer, Motten, Schmetterlinge, Hautflügler, Käfer…) zwingen die Blätter dazu, Gallen zu bilden, meistens als Nester, in welchen sie ihre Eier ablegen. Die häufigste Eichengalle bildet sich, wenn eine Art aus der Familie der **Cynipedae** (Gallwespen) mit dem Namen *Andricus kollari* Eier in die Knospen ablegt. Die Larve ernährt sich darin, bis sie im Herbst durch ein kleines Loch davonfliegt.

Ein Fleischfresser wie alle Spinnen, lauert das Weibchen der **Grünen Krabbenspinne** (*Diaea dorsata*) dank seiner Mimikry darauf, dass sich die Insekten direkt in ihre Klauen stürzen. Die Raupen des **Eichenwicklers** (*Tortrix viridana*) leben in verschrumpelten, zusammengerollten Blättern, in denen sie sich im Frühling so zahlreich einhüllen, dass sie einen ganzen Baum entlauben können, vor allem bei jungen Eichen. Die Rüsselkäfer-Art mit dem Namen **Eichenblattroller** (*Attelabus nitens*) wiederum trennt die Hälfte des Blatts ab und rollt den Rest wie eine Havanna-Zigarre zusammen, um darin die Eier abzulegen und die Larven zu versorgen.

Auch das **Europäische Eichhörnchen** (*Sciurus vulgaris*) legt in dieser Jahreszeit reiche Vorräte an Eicheln an, deren Verstecke es jedoch nicht alle wiederfindet. Es kann auch ein Loch im Stamm der alten Eiche besetzen, um dort sein Nest einzurichten, oder es baut einen rundlichen Kobel unter dem Blätterdach.

Forsthelfer

Der **Eichelhäher** (*Garrulus glandarius*), ein Vogel mit etwa 50 cm Spannweite und schönen blauen Federn an den Flügeln, wird selten übersehen. Er ist der Wächter des Waldes, der ständig Ausschau hält und mit seinen heiseren Rufen die Bewohner des Waldes informiert, wenn sich Eindringlinge nähern. Manchmal räubert er ein Nest, aber in erster Linie eliminiert er die Fraßinsekten im Wald und auf den benachbarten Feldern. Diesem

Geschäft geht er auch in baumreichen Gärten nach, die er regelmäßig aufsucht. Der Eichelhäher verdient seinen Namen, weil er im Herbst Eicheln auf Vorrat sammelt, die er im Kropf zu einem Versteck im Boden bringt. Eine große Zahl davon vergisst er und sie keimen im darauffolgenden Frühling. Durch diese Aktion profitiert der Wald in Form einer natürlichen Aufforstung. Ein Eichelhäher transportiert mehr als 5000 Eicheln pro Jahr. Außerdem ist er ein Meister darin, andere Vögel nachzuahmen. Er kann das maunzende Schreien des Bussards ebenso imitieren wie das eines Waldkauzes oder den Ruf der Amsel.

Linke Seite: Die alte Eiche ist der Lebensraum vieler Insekten und anderer Tiere.
Unten: Der Eichelhäher, ein Schreihals, der immer auffällt.

MEIN SORTIMENT AN GEHÖLZARTEN

In einem Garten lenken Bäume den Blick in die Vertikale, während die Sträucher in erster Linie eine Möglichkeit bieten, die Horizontale vielfältig zu gestalten. Um einem Garten eine Seele einzuhauchen und ihn in der umliegenden Landschaft aufgehen zu lassen, denke ich immer an diese Regel und wende sie bei allen Gartengestaltungen an.

UMRISSE UND SILHOUETTEN

Bäume und Sträucher sind in gewisser Weise das Skelett des Gartens, und es ist klar, dass ihre Statur bei der Auswahl besonders wichtig ist. Natürlich bestimmen viele Aspekte aufgrund der genetischen Ausstattung und der Standortbedingungen das allgemeine Aussehen eines verholzenden Gewächses. Eines meiner ersten Bewertungskriterien ist daher die Höhe des ausgewachsenen Individuums. Daraus entwickeln sich fünf verschiedene Kategorien, mit denen ich gestalterisch spielen kann.

1. Als erstes Bäume – verholzende Pflanzen mit einer Höhe von mehr als 7 bis 8 m mit einem deutlich abgesetzten Stamm bzw. Einzelstamm und verzweigtem Geäst, das einen Wipfel oder eine Krone bildet.

2. Als zweites die Kleinbäume – verholzende Pflanzen mit vergleichbaren Merkmalen aber niedriger als 7 bis 8 m.

3. Dann Sträucher – verholzende Pflanzen unter 5 m Höhe, die von unten mehrstämmig aufwachsen und daher keinen erkennbaren Hauptstamm besitzen.

1

4. Danach Kleinsträucher des Unterholzes – stark verzweigte verholzende Pflanzen mit einer Höhe von maximal 80 cm, die manchmal auch nur wenige Zentimeter hoch werden.

5. Als letztes die Kletterpflanzen – verholzende oder krautige Arten, deren kletternde Triebe einen Halt benötigen, um sich zu entwickeln und die manchmal mit Kletterorganen wie Haftwurzeln, Haftplättchen, Ranken oder Stacheln versehen sind.

In der Natur kann sich die individuelle Form einer Art durch Umweltbedingungen oder durch Eingriffe des Menschen stark verändern. In meinem Garten kann ich ebenso eingreifen und manche Arten dadurch passend gestalten. Zum Beispiel wenn ich einen Haselbusch jedes Jahr zurückschneide, damit er die Höhe eines Strauchs behält, oder indem ich eine Zwergzüchtung pflanze wie das im Herbst sehr dekorative Zwerg-Pfaffenhütchen.

1 Leuchtend bunte Hecke im Herbst.

2 Harmonische Mischung: Felsenbirne, Schlangenhaut-Kiefer und Zierjohannisbeere.

3 Der Dreiblütige Ahorn ist ideal für kleine Gärten.

Den letztgenannten Punkt empfehle ich ausdrücklich auch allen Gartenbesitzern in der Stadt, weil man damit alle Planungen an den begrenzten Standort anpassen kann. Außerdem wähle ich für alle Pflanzungen zuerst einmal laubabwerfende, sommergrüne oder halbimmergrüne Bäume und Sträucher aus, die den Stockschnitt vertragen und damit buschig aus dem Stamm treiben als wären es Sträucher, ohne einen markanten Hauptstamm zu entwickeln. Diese Wahl hat die Pflanzung mancher Baumarten in meinen Hecken erleichtert und ist auch vorteilhaft für die Zusammensetzung harmonischer Baumgruppen.

LOKALE ODER AN DEN BODEN ANGEPASSTE ARTEN

Bei der Auswahl denke ich auch stets daran, dass ich für die Zukunft pflanze und daher nehme ich bevorzugt robuste, regional gedeihende Arten. Die Betonung liegt auf bevorzugt, weil mich das nicht daran hindert, auch andere Arten zu pflanzen, solange diese an vergleichbare Bedingungen wie die meines Standortes angepasst und für Wildtiere attraktiv sind.

Ich interessiere mich besonders für Arten, die im Frühling blühen und im Herbst Früchte tragen oder zusätzlich eine wunderbare Herbstfärbung zeigen. In dieser Gruppe bevorzuge ich die Gattung Ahorn und suche mir die Arten aus, die sich für Hecken eignen: **Feld-Ahorn** (*Acer campestre*) ist unsere heimische Art mit goldgelbem Herbstlaub; asiatische Arten wie der kleine **Feuer-Ahorn** (*Acer tataricum* subsp. *ginnala*) mit luftigem, rotem Herbstlaub fügen sich wunderbar in Hecken und Gehölzgruppen ein; oder der rare, ursprünglich aus China und Korea stammende **Dreiblütige Ahorn** (*Acer triflorum*), der besonders winterhart ist und sich besonders für kleine Gärten und Baumgruppen eignet und dessen Herbstfarben überwiegend aus Orange bis hin zu leuchtendem Rot komponiert sind.

GEEIGNETE ARTEN UND IHRE BESUCHER

Meine Hecken eignen sich wunderbar, um zahlreiche Arten auf einem hinsichtlich der Breite etwas eingeschränkten Streifen zu mischen. In meinem Garten dienen die Heckenstreifen als Verbindungen oder Trennlinien zwischen verschiedenartig gestalteten Bereichen. Je nach Lage sorgen sie auch für unterschiedlichen Lichteinfall und sie werden daher unterschiedlich häufig von Tieren aufgesucht.

WANN SOLLTE MAN PFLANZEN UND WELCHE ARTEN?

Der Herbst ist und bleibt der beste Zeitpunkt zum Pflanzen, weil die Wurzeln dann Zeit haben, sich einzugewöhnen und zu verankern. Zudem muss man nur bei der Pflanzung gießen und nicht ständig, wie etwa bei einer Pflanzung im Sommer.

Wählen Sie in erster Linie widerstandskräftige und an Ihre Region angepasste heimische Arten, deren ausgewachsene Größe zu den Ausmaßen Ihres Gartens passt. Damit der Garten möglichst gastfreundlich wird, sollten Sie Arten bevorzugen, die für die Tier- und Vogelwelt essbare Früchte produzieren, also **Gewöhnlicher Schneeball, Schwarzer Holunder, Blutroter Hartriegel, Kornelkirsche, Gewöhnliches Pfaffenhütchen, Gewöhnliche Vogelbeere, Weißdorn, Heckenrose** und **Schlehe**. Sie alle sind eine exzellente Wahl, um einen Garten nach der Natur zu gestalten.

Manche Gehölze wie Weißdorn und Heckenrose hüllen sich im Frühling in ein Meer duftender Blüten, welche verschiedene Bestäuberinsekten anlocken, darunter Schwebfliegen, Wespen und Bienen, die alle nützlich für den Garten sind. Im Herbst reifen die roten Apfelfrüchtchen des Weißdorns und die Hagebutten an den Heckenrosen, die zu den beliebtesten „Beeren" auf dem Speisezettel von Vögeln, Zugvögeln* und Überwinterungsgästen* gehören.

Andere Arten verbergen ihre Blüten dezent, sind aber trotzdem ein Manna für zahlreiche Insekten und die Früchte sind ebenfalls für viele Tiere und auch unsere herbstliche Ernte eine Verlockung: **Elsbeere, Gewöhnliche Mehlbeere, Schwedische Mehlbeere, Edel-Kastanie, Quitte, Speierling, Mispel, Haselnuss** und **Wildapfel**.

1 *Aronia melanocarpa*

2 Weißdorn

3 Immergrüner Kreuzdorn

4 Biene als Bestäuber auf der Heckenrose

5 Gleichzeitige Blüte von Immergrünem Kreuzdorn, Berberitze und Mahagoni-Kirsche (*Prunus serrulata* 'Kanzan')

Speisekammer für die Vögel

Für Vögel beschränkt sich die Ernte von Früchten nicht auf die ersten Wochen des Herbstes. Tatsächlich bleiben viele Früchte auch über den Winter an Zweigen hängen. In dieser Speisekammer gibt es also die Vorräte für die nicht ziehenden Vögel sowie die Überwinterungsgäste aus dem Norden. Die Vögel beginnen mit der Ernte meistens erst bei den ersten Frösten im Spätherbst. Anhaltende Fröste Anfang Dezember locken sie dann scharenweise in die Sträucher mit wilden Beeren, zum Beispiel in Schneeball, Hartriegel, aber auch die Früchte von *Cotoneaster* und Zierapfel sind anziehend. Amseln und andere Drosseln stürzen sich begierig darauf. Da das Vogelauge besonders stark auf leuchtend rote Früchte reagiert, sollte man Sträucher bevorzugen, deren Beeren mit der Vollreife schön leuchten, um die Artenvielfalt zu fördern.

1 Gimpelmännchen an den „Beeren“ (Steinfrüchten) eines Gewöhnlichen Schneeballs.

2 Mönchsgrasmücke in einem herbstlichen Schneeball.

3 Amsel und Gimpelweibchen auf den Früchten eines Gewöhnlichen Schneeballs im Winter.

4 Rotkehlchen auf den Früchten eines Gewöhnlichen Schneeballs im Winter.

5 Junges Gartenrotschwänzchen in einem Schneeball im Frühherbst.

HASELNUSS – EIN MUSS

Die Gewöhnliche Hasel (*Corylus avellana*), die man als Hecke um einen Gemüse- oder Obstgarten pflanzt, ist imstande, für ein sehr günstiges Mikroklima der Kulturen zu sorgen. Ihre Äste schwächen den Wind ab und die Blätter können das Sonnenlicht speichern und seine Wärme um die Pflanze herum konzentrieren. Außerdem festigen ihre Wurzeln den Boden, weshalb der Strauch für Gärten in Hanglagen ideal ist. Er passt sich an alle Arten von Böden im Flachland wie in den Bergen an. In Höhen über 1000 m entwickelt sich die Pflanze nicht zu voller Größe, aber ihr Verwandter, die Baum-Hasel (*Corylus colurna*) kann sie hier gut ersetzen. Letztgenannte wird bis zu 20 m hoch. Sie ist sehr widerstandskräftig und verträgt Höhenlagen bis zu 1700 m, Temperaturen bis zu –25 °C und bevorzugt mäßige Sonne.

Oben: In der Hecke verspeist das Eichhörnchen im Spätsommer frische Nüsse.

Unten: Die männlichen Blüten der Gewöhnlichen Hasel sind hübsche gelbe Kätzchen, die im Spätwinter länger werden und sich öffnen.

Mein Zuhaus' für die Haselmaus

Die Haselmaus (*Muscardinus avellanarius*) ist eine Verwandte der beiden Schläfer: Gartenschläfer und Siebenschläfer. Sie lebt noch verborgener und bringt je nach Jahreszeit 20 bis 40 g auf die Waage. Die Art ist streng geschützt, man weiß aber nicht viel über ihre Verbreitung. Sie gehört zu den unbekanntesten Säugetieren. Ihr kugelförmiges Nest ist eigentlich zugänglich, weil es gewöhnlich in 1 m Höhe in Geißblatt-Sträuchern, Brombeeren, im Schneeball oder dem Spindelstrauch bzw. Pfaffenhütchen hängt. Die Haselmaus ist eine Kletterkünstlerin, die sich vor allem von Haselnüssen ernährt.

Tragen Sie zum Schutz dieses erstaunlichen kleinen Nagers in Ihrem Garten bei! Pflanzen Sie Hasel und andere Bäume und Sträucher mit Beerenfrüchten als gemischte Gehölzgruppen oder Hecken. Lassen Sie stellenweise die Brombeeren stehen und gestalten Sie je nach Größe Ihres Gartens auch dichte Unterpflanzungen. Da Haselmäuse manchmal Nistkästen besetzen, bieten Sie ihnen einen in den Hecken an, mit Ausrichtung nach Osten. Ein runder Nistkasten (Typ ausgehöhltes Stammstück) sollte einen Innendurchmesser von 13 cm haben, ein eckiger Nistkasten (Typ Kiste) sollte eine Fläche von 12,5 × 14,5 cm besitzen und 20 cm hoch sein. Das Loch sollte 26 bis 27 mm im Durchmesser haben. Es ist nicht nötig, die Innen- und Außenflächen des Kastens zu glätten, im Gegenteil: der kleine Nager braucht eine raue Oberfläche zum Festhalten.

Ein Zuhause und damit der Schutz dieser kleinen „Goldmaus“ erlaubt vielleicht auch einmal ihren Anblick: mit ihren Balanceakten ist sie ein echter Sympathieträger.

1

❶ Nisthöhle für die Haselmaus in einem Stammstück.

❷ Als geschickter und federleichter Kletterkünstler balanciert diese Haselmaus in meinem Garten an einer Alpen-Johannisbeere.

❸ Von einer Haselmaus ausgefressene Haselnussschalen.

FAUNA *in allen* ETAGEN

Hecken und Wäldchen sind grundlegende Bestandteile der Flurlandschaften. Eine Hecke zwischen Äckern weist alle Schichten von Pflanzen auf: Gräser, Stauden, Sträucher und Bäume. Das macht sie so interessant, denn gewöhnlich setzt sich eine solche Hecke aus einem Dutzend Arten von Sträuchern wie Schlehe, Weißdorn, Heckenrose und anderen zusammen. Hinzu kommen noch ein paar Baumarten (Stiel-Eiche, Hainbuche, Esche, Wildkirsche…), eingehüllt von Efeuranken, Geißblatt und Brombeeren.

BLÜHENDE SCHLEHEN

Ihre stacheligen und blattlosen Zweige bieten im Winter einen trostlosen Anblick. Durch diese wehrhaften Verteidigungswerkzeuge können sich **Schlehen** (*Prunus spinosa*) wirkungsvoll vor dem Verbiss durch große Pflanzenfresser schützen. Zum Frühlingsanfang verwandeln sich diese Zweige in sehr hübsche Wogen weißer Blüten. Der Anblick ganzer Hecken, Waldränder, Brachen und Dickichte in voller Blüte gehört zu den erfreulichsten Szenerien der ersten schönen Tage. Die Blüte der Schlehen erfolgt zur großen Freude der Insekten schon sehr früh. Die Blüten öffnen sich deutlich vor den andern Gehölzen und verändern so den Anblick unserer Feldfluren. Später im Jahr entwickeln sich dann die sehr säuerlichen Schlehenfrüchte, die nach den ersten Herbstfrösten regelmäßig von vielen Vogelarten angeflogen werden. Als Gartenstrauch also eine gute Wahl!

1 Blühende Schlehe mit einem Landkärtchen.
2 Schwarze, glänzende Holunderbeeren (Steinfrüchte) am Schwarzen Holunder
3 Kugelrunde Schlehen (Steinfrüchte).
4 Kugelige rote Steinfrüchte des Schneeballs.
5 Goldglänzender Rosenkäfer auf den weißen Blütendolden des Schneeballs.

UNTER DEN FITTICHEN DES HOLUNDERS

Der oft als „unerwünscht" bezeichnete **Holunder** (*Sambucus nigra*) ist in der Landschaft eher ein verkannter Wohltäter und sollte einen Platz im Garten bekommen. Sehr winterhart, anspruchslos, von großem Wert für die Ernährung und die Medizin, ist er ein wertvoller Helfer. Das üppige Laub bietet optimalen Windschutz und es schafft auf exponierten Flächen ein nützliches Mikroklima. In höheren Lagen sichert er durch sein Wurzelwerk das Gelände an Hängen wirkungsvoll. Die in alle Richtungen wachsenden Äste dienen als sicherer Schutz für die Nester von Amseln, Drosseln und Grasmücken, den wertvollen Jägern von Raupen, Larven und anderen Parasiten. Die Triebe sind mit einem weißlichen, schaumigen Mark gefüllt, worin sich im Winter zahlreiche Insekten verbergen. Zum Glück ist es auch die Kinderstube von Gästen wie räuberischen Wespen, die sich von Wicklern ernähren, die im Garten unerwünschte Besucher sind. Die großen weißen Blütendolden, die man lecker im Pfannkuchenteig backen kann, hüllen den Garten und die umgebende Landschaft von Mitte Mai bis Ende Juni in ihren Duft ein, wobei sie zahlreiche Bestäuber und Parasiten jagende Nützlinge wie die Florfliegen und die Schwebfliegen anziehen, die ihrerseits Blattläuse als Lieblingsspeise haben. Merken wir uns daher, dass der Holunder eine gewisse Art Blattläuse und die dazugehörigen natürlichen Fressfeinde anlockt. Ende September bieten sich dem Feinschmecker schließlich im Wildobstgarten leckere Trauben von Holunderbeeren an, die man zu Sirup, Likör, Gelee verarbeiten kann. Aber auch die Singvögel und Kleinsäuger finden in diesen glänzend schwarzen Früchten eine wertvolle Nahrung, entweder bei einem Zwischenstopp während des Vogelzugs oder als Vorbereitung auf den langen Winterschlaf.

UNVERZICHTBARER SCHNEEBALL

Vögel verschlingen die scharlachroten Steinfrüchte des **Gewöhnlichen Schneeballs** (*Viburnum opulus*), einer sehr dekorativen und für die Avifauna höchst wertvollen Pflanze am Wegesrand. Diesen bemerkenswerten Strauch sollte man unbedingt im Garten haben, um die Artenvielfalt zu fördern. Achtung jedoch – die Pflanze hat nichts mit der gefüllt blühenden Gartensorte, die auch unter dem Namen Boule de Neige bekannt ist, zu tun. Obwohl man vom Gewöhnlichen Schneeball fast nichts merkt, sofern er nicht gerade blüht, gehört er zu den verbreiteten Arten in Hecken und an Waldrändern. Die doldenförmigen Blütenstände erblühen im Mai-Juni und locken unzählige Käfer wie den Goldglänzenden Rosenkäfer an. Von Juli bis September entwickeln sich die rispenähnlichen Stände roter, appetitlich aussehender Früchte, die für den Menschen aber nicht genießbar sind. Stattdessen stehen sie auf der Speisekarte von Drosseln, Amseln, Gimpeln und Seidenschwänzen, bei deren winterlichen Stippvisiten. Im Herbst färbt sich das Laub des Gewöhnlichen Schneeballs je nach Gelände und Lage schön rötlich. Der Schneeball bevorzugt frische, feuchte und kalkhaltige Böden, dazu noch Licht, verträgt aber auch Schatten.

DAS HÜBSCHE PFAFFENHÜTCHEN

Wegen seiner recht lichten Statur und den kleinen ovalen Blättern bleibt das **Gewöhnliche Pfaffenhütchen** (*Euonymus europaeus*) fast das ganze Jahr hindurch recht unauffällig, obwohl es auf dem Land weit verbreitet ist. Im Herbst jedoch färben sich die Blätter kupferorangerot und die rosaroten Früchte sind noch spektakulärer. Nun fällt der Strauch in den Hecken und den dichtesten Gestrüppen auf. Wenn die Pflanze ohne Schnitt oder Auslichten wachsen darf, entwickeln sich hübsche erwachsene Bäume oder Sträucher, die auch den Schatten gut vertragen. Da Pfaffenhütchen kalkreiche und ziemlich frische Böden bevorzugen, gedeihen sie nicht überall uneingeschränkt gut, obwohl sie verbreitet sind. Sie werden oft als Zierstrauch wegen der hübschen Früchte gepflanzt, die jedoch giftig sind. Ich empfehle, Pfaffenhütchen in Hecken und Baumgruppen zu integrieren, weil sie für die Vogelwelt als Nahrungsquelle, Nistplatz und Zuflucht so attraktiv sind.

DIE HECKENFAUNA IM JAHRESLAUF

Im Laufe eine Jahres stellt die lebendige Hecke für die Fauna eine üppige Quelle für Nahrung und Wohlbefinden dar!
Eine Hecke beherbergt unterschiedlichste Pflanzen und Tiere. Sie dient unzähligen Lebewesen als permanente Speisekammer und als geschütztes Versteck sowie zur gesicherten Fortpflanzung. Wenn man eine artenreiche Hecke pflanzt, bietet man vielen Singvögeln einen idealen Lebensraum, reichlich Nahrung, Verstecke für die Nester, und man sorgt dafür, dass die lokale Fauna im Herbst ein Festmahl hält. Außerdem finden vor allem im Winter manche Tierarten ein wärmeres und trockeneres Plätzchen unter der Hecke, wo sie sich eine Behausung bauen können und Lauberde finden, die für viele Insektenfresser wie Vögel, Spitzmäuse und Igel eine reiche Nahrungsquelle bedeutet. Sie sind es, die die Schädlinge im Garten in Schach halten. Eine gemischte Hecke im Garten zu pflanzen, das bedeutet Unterstützung der heimischen Flora und Fauna, indem man ihren großen ökologischen Nutzen anerkennt.

Links: Eine weibliche Gottesanbeterin auf den rosaroten Früchten des Pfaffenhütchens vor dem goldenen Laub der Kanadischen Felsenbirne.

1

2

3

4

5

6

7

8

1 Amsel (*Turdus merula*), ganzjährig.

2 Rotkehlchen (*Erithacus rubecula*), ganzjährig.

3 Zaunammer (*Emberiza cirlus*), Frühling-Sommer.

4 Heckenbraunelle (*Prunella modularis*), ganzjährig.

5 Mönchsgrasmücke (*Sylvia atricapilla*), Frühling-Sommer.

6 Zaunkönig (*Troglodytes troglodytes*), ganzjährig.

7 Dorngrasmücke (*Sylvia communis*), Frühling-Sommer.

8 Stieglitz (*Carduelis carduelis*), ganzjährig.

9 Buchfink (*Fringilla coelebs*), ganzjährig.

10 Gelbspötter (*Hippolais icterina*), Frühling-Sommer.

11 Gimpel (*Pyrrhula pyrrhula*), Herbst-Winter.

12 Grünfink (*Chloris chloris*), ganzjährig.

13 Misteldrossel (*Turdus viscivorus*), Herbst-Winter.

14 Schwanzmeise (*Aegithalos caudatus*), ganzjährig.

15 Sperber (*Accipiter nisus*), ganzjährig.

16

17

18

19

20

21

22

23

24

26

27

28

29

25

30

31

32

16 Waldohreule (*Asio otus*), ganzjährig.

17 Igel (*Erinaceus europaeus*), ganzjährig.

18 Gartenspitzmaus (*Crocidura suaveolens*), ganzjährig.

19 Hausspitzmaus (*Crocidura russola*), ganzjährig.

20 Eichhörnchen (*Sciurus vulgaris*), Sommer-Herbst

21 Haselmaus (*Muscardinus avellanarius*), Sommer-Herbst

22 Waldmaus (*Apodemus sylvaticus*), ganzjährig.

23 Gelbhalsmaus (*Apodemus flavicollis*), ganzjährig.

24 Rötelmaus (*Myodes glareolus*), ganzjährig.

25 Rotfuchs (*Vulpes vulpes*), Spätsommer und Herbst.

26 Feldhase (*Lepus europaeus*), Sommer-Herbst.

27 Großes Wiesel oder Hermelin (*Mustela erminea*), ganzjährig.

28 Mauswiesel (*Mustela nivalis*), ganzjährig.

29 Ringelnatter (*Natrix natrix*), ganzjährig.

30 Westliche Smaragdeidechse (*Lacerta bilineata*), Frühling-Sommer.

31 Hain-Bänderschnecke (*Cepaea nemoralis*), Sommer.

32 Erdkröte (*Bufo bufo*), Sommer.

33

34

35

36

37

38

33 Lederlaufkäfer (*Carabus coriaceus*), besonders im Frühling.

34 Goldglänzender Rosenkäfer (*Cetonia aurata*), Frühling.

35 Marienkäfer oder Siebenpunkt (*Coccinella septempunctata*), Frühling.

36 Großes Heupferd (*Tettigonia viridissima*), Frühling-Sommer.

37 Zitronenfalter (*Gonepteryx rhamni*), Frühling.

38 Distelfalter (*Cynthia cardui*, Syn. *Vanessa cardui*), Sommer.

39 Admiral (*Vanessa atalanta*), Sommer.

40 Kleiner Fuchs (*Aglais urticae*), Sommer.

41 Tagpfauenauge (*Inachis io*), Sommer.

42 C-Falter (*Polygonia c-album*), Sommer.

43 Landkärtchen (*Araschnia levana*), Frühling-Sommer (ausgeprägter saisonaler Dimorphismus bei den Frühlings- und Sommerexemplaren)

Es handelt sich um eine Auswahl der Arten, die sich im Jahreslauf in der Hecke einfinden. Nicht alle sind genannt.

1 Feldhase
2 Durch die Hecke erspäht …
3 Sasse

Ein scheuer und unauffälliger Besucher des Gartens!

Man nennt ihn Hase, Löffelmann, Mümmelmann, Krummer oder Meister Lampe. Der Feldhase ist scheu und flink: „Es kommt häufig vor, dass man einen Hasen aufscheucht und davonspringen sieht, aber sein Verhalten lässt sich nur schwer beobachten."* In Wirklichkeit kann man den Hasen weder suchen noch finden, man trifft ihn unvermittelt! Und manchmal macht uns die Natur ein Geschenk! Können Sie sich vorstellen, das ganze Jahr hindurch einen Feldhasen im Garten zu haben?

Das Ganze begann im Jahr 2012 in meinem Garten. Er erschien eines Abends im Frühsommer ganz selbstbewusst neben der Terrasse. Mümmelmann ist ein Einzelgänger. Die Tiere leben immer einzeln und treffen nur zur Paarungszeit zusammen. Vielleicht war mein Gast eine Häsin, sie gelten als weniger ungesellig. Mein Naturgarten mit vielen Gehölzen und Hecken gefiel ihm wohl, denn er wurde sein bevorzugter Sitz. Zweifellos fühlte er sich hier in Sicherheit! Das hinderte ihn aber auch nicht daran, außerhalb umherzuspringen. Einmal tauchte er im August plötzlich während des Essens am frühen Nachmittag direkt neben meinen Gästen auf. Trotz seiner sicheren Anwesenheit bekam ich ihn durchschnittlich nur einmal pro Woche zu Gesicht. Er genoss die mit Bäumen und Sträuchern bepflanzten Partien des Gartens, war unauffällig und vertraute auf seine Tarnung, und ließ mich manchmal an sich vorübergehen. In anderen Momenten verschwand er blitzschnell, sicher ebenso überrascht wie ich. Er hielt sich gerne in der Nähe des Gemüsegartens auf, suchte seine Nahrung jedoch immer außerhalb, vor allem unter den gemischten und frei wachsenden Hecken.

Eines Tages, an einem späten Vormittag, als der Hase friedlich mümmelte, ließ er sich von mir beobachten, als ich mich vorsichtig zum Fotografieren näherte. Er vertraute auf die Vegetation und sicherlich hat er mich auch nicht richtig gesehen, denn Feldhasen sehen schlecht. Was er von vorne nicht erkennen kann, sieht er durch die seitlich am Kopf befindlichen großen Augen doppelt. Sein schielender Blick funktioniert auf kurze Distanz und er erkennt vor allem Bewegungen. Es kann sein, dass er einem unbeweglich wartenden Beobachter direkt vor die Füße läuft. Sein wichtigster Sinn ist das Gehör, was man an den großen, beweglichen und ständig auf die Umwelt gerichteten Ohren gut erkennen kann.

Ich beobachte seit Jahren regelmäßig einen Hasen, das letzte Mal sah ich ihn im Frühling 2019 mehrfach in meinem Garten!

---

* Zitat nach dem Schweizer Schriftsteller und Künstler Robert Hainard.

Beobachtung einer Gottesanbeterin

Oktober ist die beste Jahreszeit, um die sich in Deutschland ausbreitende Gottesanbeterin (*Mantis religiosa*) zu beobachten. Mit ihrem herzförmigen, auf dem Hals sehr beweglichen Kopf, dem langgestreckten, dünnen Körper, der langen Brustpartie und den zupackenden Klauen an den Vorderbeinen ist die Gottesanbeterin leicht erkennbar. Als kannibalisches Insekt frisst das Weibchen dieser Art oft das Männchen bei der Paarung. Tatsächlich packt sie den Kopf oder Oberkörper des Partners und gibt sich dem Festmahl hin. Am erstaunlichsten ist aber, dass der Gepackte seine Rolle bei der Begattung weiter ausübt und die Befruchtung normal verläuft!
Diese Fangschrecke wird bis zu 7 cm lang, ihr Körper ist grün oder braun und man trifft sie von Juni bis November in hohem Gras, Büschen, Sträuchern, auf Brachen, an Hecken- und Waldrändern und trockenen, sonnigen Plätzen. Das Weibchen ist größer und kräftiger als das Männchen. Als Fleischfresser gehört die Gottesanbeterin zu den Jägern, die auf der Lauer liegen, ihre klauenbewehrten Vorderbeine ausgestreckt und jederzeit zum Überraschungsangriff auf mögliche Beute bereit. Dann zerlegen die kräftigen Mundwerkzeuge den Kadaver, darunter Larven und ausgewachsene Insekten, vor allem ihre Leibspeise wie Fliegen, Heuschrecken, Grillen und Schmetterlinge. Sie gibt zischende Warnlaute ab, die durch das Reiben der teilweise geöffneten Flügel auf dem Hinterleib entstehen.

Oben: Gottesanbeterin beim Verspeisen einer Grille.

Unten: Weibliche Gottesanbeterin, der Hinterleib mit Eiern gefüllt.

GEFLÜGELTE GÄSTE

Ab Ende März kommen die in unseren Gefilden nistenden Zugvögel in ihre Territorien zurück, doch die Rückkehr geschieht fast unbemerkt. Je mehr sich der Frühling breit macht, desto interessanter wird mein Garten voller Hecken und Gehölze für das gefiederte Volk. Entweder machen die Zugvögel Zwischenstation oder sie markieren ihre Territorien wieder durch Gesang. In den artenreichen Hecken und dichten Baumgruppen finden sie nicht nur Nahrung sondern auch geeignete Stellen, um ihre Nester in luftigen Gefilden anzulegen.

Unter den Vögeln halten sich der **Zilpzalp** (*Phylloscopus collybita*) und der **Fitis** (*Phylloscopus trochilus*) oder auch einige Grasmückenarten wie **Dorngrasmücke** (*Sylvia communis*) und **Mönchsgrasmücke** (*Sylvia atricapilla*) in unseren Landschaften auf. Die Mönchsgrasmücke kann auch in unseren Breiten überwintern. Nicht selten siedeln sich Zilpzalp und Mönchsgrasmücke jedes Jahr zum Nisten in meinem Garten an. Diese Arten ernähren sich vor allem von Insekten und deren Larven: Läuse, Raupen, Zweiflügler, kleine Käfer und Hautflügler, die sie von Blättern und Ästen herunterlesen. Ein unspektakulärer und versteckt lebender Vogel, die **Klappergrasmücke** (*Sylvia curruca*), ist heutzutage besonders selten und bedroht. Sie liebt Wäldchen und dichtes Buschwerk an den Rändern von Laubwäldern. Andere Arten wie der **Birkenzeisig** (*Acanthis flammea*) kommen spät im März zumeist paarweise an. Birkenzeisige leben in Birken und in der Nähe von Koniferen an Teichen, da sie dort ihre bevorzugten Bedingungen vorfinden. Vielleicht wird er eines Tages auch hier nisten, wer weiß?

Zu dieser Jahreszeit gelingt es mir auch, den bemerkenswerten **Wiedehopf** (*Upupa epops*) zu hören und auf seinem Streifzug durch Wäldchen oder entlang von Hecken- und Wiesenrändern zu bewundern. Er bohrt wühlend mit seinem dünnen, gebogenen Schnabel in der Erde nach Larven aller Arten. Der **Orpheusspötter** (*Hypolais polyglotta*) möchte sich scheinbar als Dauerbewohner für die dichten Baumgruppen, großen, undurchdringlichen Hecken und das Brombeergestrüpp anmelden.

1 Wiedehopf
2 Dorngrasmücke

Während des herbstlichen Vogelzugs gilt das auch für die **Gartengrasmücke** (*Sylvia borin*), die in manchen Jahren erscheint. Als typische Bewohnerin von Mischwäldern wird sie von meinen Strächerpflanzungen mit niedriger Vegetation angelockt. Trotz ihres Namens kommt sie selten in Gärten vor, bei mir bevorzugt sie jedoch die Früchte des Blutroten Hartriegels und des Geißblattes. Der **Trauerschnäpper** (*Ficedula hypoleuca*) ist in meinem Garten schon gewohnheitsmäßig zuhause. Er jagt unter den Hecken, Baumgruppen und an den Blumenwiesen. Außerdem kommen regelmäßig im Juli-August ganze **Pirol**-Familien (*Oriolus oriolus*) mit Alt- und Jungvögeln vorbei, die meine höchsten Bäume mögen. Manchmal erscheinen ab Oktober kleine Schwärme von **Alpenbirkenzeisigen** (*Acanthis cabaret*) im Garten, um hier zu überwintern, weil sie günstige Bedingungen vorfinden: Schwarz-Erlen und verschiedene Birkenarten, deren Samen sie gerne fressen.

1

2

3

EIN UNVERWECHSELBARER SÄNGER

Wenn man sich den Gesang eines Vogels gut merken kann, dann ist es der **Weidenlaubsänger** oder **Zilpzalp** (*Phylloscopus collybita*), der aus dem Winterquartier zurückgekehrt ist. Man sieht den winzigen Vogel eher selten, weil er so klein ist, aber man hört ihn. Zwitschern ist sein Alltagsgeschäft, sobald er aus Nordafrika und Südeuropa zurückgekehrt ist. Der Gesang ist sehr charakteristisch und trotz der Monotonie nicht unangenehm. Eigentlich wiederholt er 15 Sekunden lang immer nur eine Strophe: Zilp…zalp. Diese Äußerung hat ihm den lautmalerischen Trivialnamen Zilpzalp gegeben.

Der Fall Nachtigall!

Ab Ende April locken meine Hecken und dichten Gebüsche die Nachtigall (*Luscinia megarhynchos*) an. Der Vogel verschmilzt mit der dichten Vegetation, aber sein melodiöser und variantenreicher Gesang bis hin zum Crescendo ist aus allen Vogelstimmen herauszuhören. Dieser ziehende Singvogel kommt aus seinen Überwinterungsgebieten in Südeuropa und Afrika zu uns zurück. Sein ziemlich unscheinbares Gefieder steht im Gegensatz zur Schönheit der Stimme. Viele dieser Vögel ziehen nachts und sind bei Ankunft müde und ausgelaugt. In den folgenden Tagen beleben und stärken sie sich beim Durchsuchen des humusreichen Bodens unter den Hecken, Baumgruppen und Dickichten auf der Suche nach Insekten, Spinnen, kleinen Würmchen und Schnecken. Ab Mai singt die Nachtigall nachts wie tagsüber, weil der Sängerwettstreit dem Höhepunkt entgegengeht.

Seit 2017 jedoch nistet die Nachtigall nicht mehr in meinem Garten sondern sie zieht nur durch. Dafür gibt es zwei Gründe: Das Haus auf dem zur Südseite benachbarten Grundstück ist seither dauerhaft bewohnt (der Vogel liebt aber die Ruhe) und die Bewohner haben den Lebensraum des Vogels zerstört, indem sie Gehölzgruppen und Brombeeren entfernten haben und unter den Hecken nur noch blanke Erde ist. Nicht zu vergessen die Haustiere – lautstark bellende Hunde. Zwischen den beiden Grundstücken, etwa 7000 m², meines nach dem Vorbild der Natur und deren sauber geputzte Fläche, findet der Vogel nicht mehr genug Boden, der ihm als Territorium zum Nisten zusagen würde.

1 Fitis 2 Birkenzeisig 3 Trauerschnäpper (Jungvogel) 4 Zilpzalp 5 Nachtigall

SCHATTENLIEBHABER – DER GRAUSCHNÄPPER

Hinter dem unscheinbaren Äußeren verbirgt sich ein großer Insektenjäger. Er macht nicht groß was her, wenn er im Schatten des Laubes sitzt, die Brust aufgeplustert, den Kopf eingezogen, als würde er nur auf seinem Ansitz herumhocken, doch sein Blick ist immer auf der Lauer. Es ist Sommer. Den ganzen Tag besetzt der Jäger aus dem Hinterhalt die strategischen Punkte meines Gartens, von wo er den Flug der Insekten überwacht. Er wird nur von einem Gedanken getrieben: Beute erspähen und verschlingen. Alles, was in Reichweite vorbeikommt, ist potenzielle Nahrung. Leichtes Flügelzucken und leichte Schwanzbewegungen – und schon stürzt sich der Vogel in die Jagd auf Diptera (Zweiflügler) aller Arten, aber auch Lepidoptera (Schmetterlinge), Hymenoptera (Hautflügler), Coleoptera (Käfer) sowie Netzflügler, Eintagsfliegen und sogar Libellen. Ich habe ihn beobachtet – er jagt im ganzen Insektenreich.

Die Verfolgung verläuft gewandt und schnell, ein paar akrobatische Flügelschläge genügen. Wenn er seine Beute mit einem kurzen Klack des Schnabels geschnappt hat, kehrt er damit auf seinen Ansitz zurück. Wenige Schnabelschläge genügen, um das gerade gefangene Opfer dort zu töten und störendes Chitin zu entfernen, dann wird es verschluckt.

An jenem Sommertag waren ihm wohl einige Deckflügel oder Körperpanzer im Hals stecken geblieben. Nervöses Flügelzucken und Verrenken des Halses und des Kopfes, ich hatte das Gefühl es sah anders aus als beim ruhenden Vogel. Nach einigen Augenblicken öffnete er seinen großen Schnabel und er würgte einige Reste hervor… Dann setzte die Aufmerksamkeit des Jägers auf seinem Ausguck wieder ein.

Ein Grauschnäpper ist dabei, Chitin-Reste wieder herauszuwürgen.

PIROLE AUF DER DURCHREISE

Die helle Stimme eines Pirols bleibt niemals unbemerkt. Sein Gesang besteht meistens aus vier geflöteten Noten, und der Schrei, den der Vogel beherrscht, ist ein langgezogener Laut. Er stößt ihn aus, wenn er beunruhigt ist oder auf etwas aufmerksam machen möchte. Pirole machen im Juli–August nach der Hochzeit einen Zwischenstopp in meinem paradiesischen Garten.

An jenem Morgen waren es drei Vögel, ein Männchen, ein Weibchen und ein Jungvogel. Ein Buntsprecht hatte sich gerade bemerkbar gemacht und eine kleine Schar Stare (Jungvögel aus dem Jahr) schienen sich an der Nachahmung der Pirole zu versuchen. Tatsächlich sind

Pirolweibchen, das dem Männchen mit seinem durchdringenden Gesang antwortet.

Stare echte Imitationskünstler, vor allem beim Gesang des Pirols.
Ich wohnte also an diesem Tag dem Gesangsunterricht bei, den die Pirol-Eltern ihren Jungen geben. Sie wiederholten regelmäßig den für ihre Art typischen Gesang, weil die Jungvögel noch ungenau zwitschern und die Tonfolge klar lernen müssen, indem sie den Eltern zuhören. Diese unterbrachen ihren Gesang aber gelegentlich durch den überraschenden schrillen, nasalen Schrei.
Der Gesang des Weibchens ist nicht so rein, dafür schrill und etwas schneller und es antwortet gewöhnlich dem Männchen … Ich beobachtete und fotografierte das einjährige Weibchen, das an seinem im Vergleich zum Männchen weniger leuchtenden Gefieder, dem kleinen gelben Fleck auf dem Flügel und dem rötlichen Schnabel erkennbar ist. Die Schnäbel der Jungvögel sind gräulich.

WINTERRUNDE

Die günstigen Aktivitäten der Vögel als Nützlinge sind nicht nur auf den Frühling und Sommer beschränkt. Im Herbst und Winter versammeln sich alle Arten von Meisen, um in den Bäumen, Sträuchern, Hecken und Gehölzpflanzungen, in Haufen aus Holz und Zweigen sorgfältig auf die Jagd zu gehen. Sie suchen Insekten und Spinnen in allen Entwicklungsstadien (Eier, Larven, Zwischenstadien, Puppen*, ausgewachsene Individuen). Das nennen wir die „Winterrunde". Blaumeisen besuchen auch die Ufer von Teichen und Wasserbecken, wo sie geschickt die verwelkten Triebe der Wasserpflanzen absuchen und Beute ablesen, zum Beispiel Puppen der Schilfeule, eines nachtaktiven Schmetterlings.
Während dieser Winterrunden werden die Meisen oft von anderen Vogelarten begleitet: Goldhähnchen, die sich von kleinen Insekten und Spinnen auf und unter den Wipfelästen der Nadelbäume ernähren; der Kleiber, der mit seinem kräftigen, spitzen Schnabel große Insekten und harte Samen aufbrechen kann, wenn er sie in eine Furche der Borke oder einen Mauerriss drückt; der Gartenbaumläufer, der ebenso ausdauernd nach kleinen Insekten und Spinnen in allen Entwicklungsstadien in den Rissen der Borke sucht und auch Koniferensamen frisst.

Meisen, in diesem Fall Blaumeisen, auf der männlichen Pflanze eines Sanddorns, werden oft von anderen Vogelarten begleitet, beispielsweise von Gartenbaumläufern (oben) oder Buntspechten (unten). Unten im Bild eine Tannenmeise.

Nützlingstrio für den Garten

Meisen sind wertvolle Nützlinge im Garten. Sie sind anwesend und amüsieren uns, wenn man ihnen einen Nistkasten und Verstecke bietet. Ich beobachte je nach Jahreszeit fast täglich ihr Kommen und Gehen. Dabei stelle ich fest, dass sie als Insektenjäger Bemerkenswertes leisten. Im gehölzreichen Bestand meines Gartens und seiner Hecken finden sie ein Zuhause und Deckung. Das Aufhängen von Nistkästen ist aber sehr wichtig, um ihnen das Brüten zu erleichtern.

- Der im Vergleich zu anderen Meisen kräftigere Schnabel der **Kohlmeise** (*Parus major*) erlaubt ihr im Herbst und Winter einen abwechslungsreicheren Speiseplan, wenn pflanzliche Kost in Form von Beeren und Samen überwiegt. Sie kann sogar Walnüsse und Haselnüsse aufpicken. Das restliche Jahr hindurch bewahrt sie als Insektenfresser wirkungsvoll den Obstgarten oder die Gemüsebeete vor Raupen wie denen des Kleinen Kohlweißlings (*Pieris rapae*) oder des Großen Kohlweißlings (*Pieris brassicae*), indem sie die Eier von der Rückseite der Blätter abliest. Ihren Nachwuchs versorgt sie mit den Larven verschiedener Insekten, Raupen von Nachtfaltern, Spannern und Wicklern. Ich habe auch gesehen, dass sie Diptera (Zweiflügler), Spinnen und manchmal sogar kleine Schnecken frisst.
  Einige Beobachtungsserien von Anflügen zum Nistplatz, die ich in meinem Garten jedes Jahr im Mai durchgeführt habe, bestätigen, dass die Altvögel bei gutem Wetter 30 bis 50 Insekten pro Stunde zu ihren Jungen bringen können.

- Die **Blaumeise** (*Cyanistes caeruleus*) ist im Sommer ein reiner Insektenfresser und ernährt sich vor allem von Larven und Raupen verschiedener Arten (Wickler, Spanner, Frostspanner…), den Eiern von Nachtfaltern wie Schwan, von Blattläusen, kleinen Käfern, Rüsselkäfern und Spinnen. Die Jungen bekommen vor allem Raupen und Blattläuse. Klar, dass man Insektizide gegen die Schädlinge absolut vermeiden sollte, weil die Vögel sie aufnehmen. Diese Meise öffnet auch Knospen und Kätzchen von Bäumen und Sträuchern, um kleine Insekten zu fangen oder – wie ich beobachten konnte – die Larven von Hautflüglern der Gattung *Cynips*, die in Gallen leben. Im Laub fängt sie auch erwachsene Individuen verschiedener Blattwespenarten. Im Winter wird sie zum Körnerfresser, verschmäht aber auch Beeren und Wildfrüchte nicht. Dieser Wechsel im Speiseplan lässt sie die schlechte Jahreszeit besser überstehen.

- Die **Sumpfmeise** (*Poecile palustris*) sucht ihre Nahrung meistens in Büschen, Hecken, Baumgruppen und nicht in den Kronen der Gartenbäume. Ihre Rolle besteht darin, mit gefräßigen Raupen von Nachtfaltern (Spanner und Frostspanner) in den unteren Etagen der Baumvegetation aufzuräumen. Während des Sommers ernährt sie sich die meiste Zeit hindurch von Insekten, unter anderem Blattläuse, Ohrwürmer, kleine Käfer, Raupen und Spinnen. Ich habe bemerkt, dass sie sich im Gegensatz zu den anderen Meisen den Rest des Jahres hindurch gerne von Sämereien, Bucheckern und Beeren ernährt. Sie nehmen besonders Samen von Disteln, aber auch von Kletten und Flockenblumen. Ich habe sie auch am Boden im Löwenzahn entdeckt. Geißblatt, Buche (Eckern), Hainbuche (Nussfrüchte) sowie Weiden (Kätzchen) und Ahorn (Flügelnuss) sind wegen der Früchte für diese Meise verlockend, das gilt auch für Koniferensamen. Während des Herbsts und Winters verwandelt sich die Sumpfmeise in einen Körnerfresser und schließt sich den anderen Meisenarten an den Futterhäuschen an, wo sie sich als geschickte Akrobatin zeigt, sobald es um das Fressen geht.

1 Kohlmeise
2 Blaumeise
3 Sumpfmeise, brütet selten in Nistkästen

ALTE NADELBÄUME – VOGELLEBEN IN ALLEN ETAGEN

Vögel, die in einer alten Tanne oder Fichte leben, verteilen ihre Aktivitäten auf unterschiedliche Bereiche. Die typischen Schnabelformen ermöglichen ihnen, die Nahrung auf verschiedene Weise zu suchen. Ihr Gewicht und die akrobatischen Fähigkeiten sind ebenfalls wichtig für die Rolle, die sie im Ökosystem einnehmen.

Verteilung der Vögel in den Zweigen

1 Der **Kleiber** puhlt mit seinem langen, spitzen Schnabel die Insekten aus den Furchen der Borke von Stamm und Ästen, er kann aber auch Samen, Schalenfrüchte und große Käfer daran zerdrücken, um sie zu verspeisen.

2 Der **Gartenbaumläufer** besitzt einen feinen, leicht gekrümmten Schnabel, mit dem er in feine Risse der Borke eindringt, um Blattläuse, kleine Käfer, Spanner, Zweiflügler, Schnabelkerfe und Asseln herauszuholen.

3 Der **Buntspecht** hämmert mit seinem kräftigen Schnabel auf dem Holz herum, um die Larven von im Holz lebenden Insekten, wie dem Borken- oder Prachtkäfer zu erbeuten.

4 Der **Fichtenkreuzschnabel** ist hochgradig spezialisiert, Samen aus den Zapfen herauszulösen. Tatsächlich kann er mit den beiden verkreuzten Schnabelhälften die Schuppen der Zapfen öffnen und so an die Samen im Inneren gelangen.

5 Mit einem Gewicht von 5 g ist das **Sommergoldhähnchen** der kleinste Vogel Europas, zusammen mit seinem Verwandten, dem **Wintergoldhähnchen**. Beide untersuchen die dünnsten Ästchen, um sich fast ausschließlich von kleinen Spinnen und Insekten zu ernähren, die sie in den Spalten der Borke und den Knospen von Koniferen fangen. Sie weben sich ein kleines Nest aus Moos und Spinnweben, das mit pflanzlichem Flaum und Federn ausgekleidet wird, und hängen es an feinste Koniferenzweige, oft an Fichten oder Tannen.

6 Die flinke **Tannenmeise** wechselt rasch von Ast zu Ast und untersucht Äste und dickere Zweige auf Insekten und deren Larven sowie Spinnen in allen Entwicklungsstadien, während sie akrobatisch am Ast hängt.

7 Die Bereiche, die von Goldhähnchen und Tannenmeise abgesucht werden, sind der schwereren **Kohlmeise** nicht zugänglich. Sie muss sich an dickere Zweige halten und hängt selten an den feinen Verzweigungen. Allerdings hat sie durch ihren kräftigeren Schnabel einen größeren Speiseplan.

8 Als häufiger Gast in Parks und Gärten entscheidet sich die **Schwanzmeise** manchmal, ihr bemerkenswertes Nest in den Zweigen von alten Koniferen zwischen 2,5 und 20 m Höhe zu bauen. Das Meisterstück ist eiförmig, besteht nur aus Flechten und Moos und ist innen mit Tierhaar und Federn ausgekleidet.

9 Für den **Grauschnäpper** sind die Äste lediglich ein Ausguck und eine Warte, um die Insekten im Flug zu fangen, darunter Diptera aller Arten, Mücken und Wanzen. Er nistet gerne in diesen Koniferen auf einem kräftigen Ast, aber niemals weit oben.

10 Ein kleiner charakteristischer Finkenvogel aus Parkanlagen und Gärten, der **Girlitz**, nistet meistens ziemlich weit oben in einer dichten Konifere, obwohl er gelegentlich auch Äste weiter unten nutzt. Hohe Bäume und benachbarte Hecken sowie Gehölzgruppen scheinen ein Muss zu sein, wenn man ihn anlocken möchte.

11 Am Boden unter einem Baum sucht die **Singdrossel** nach Schnecken und Würmchen aller Art. Ursprünglich ein Waldvogel, der sein Territorium in undurchdringlichem Dickicht hatte, merkte die Singdrossel, dass sich auch die Nadelbäume in Gärten zum Nisten eignen.

12 Der **Grünspecht**, der in erster Linie auf dem Boden nach Nahrung sucht, hat eine Vorliebe für Ameisen und deren Larven, die er mit seiner langen, klebrigen Zunge fängt. Er macht sich sogar über große Ameisenhaufen her, die oft unter Koniferen liegen.

4
6
8
3
9
1
5
7
2
10
12
11

DIE GOLDENE KONIFERE

Man denkt zu Unrecht, dass die Koniferen ihr Laub (in Form von Nadeln) nicht verlieren würden. Zum einen zeigen die nadelabwerfenden Lärchen uns dass es eine Ausnahme innerhalb dieser Kategorie von Bäumen gibt. Und zum anderen erneuern in Wirklichkeit auch die anderen Nadelbäume ihr Laubkleid jedes Jahr. Es geschieht aber ganz unauffällig, indem die Nadeln eine nach der anderen im Laufe des Jahres abfallen und nicht auf einen Schlag im Herbst wie bei den laubabwerfenden Bäumen oder den Lärchen. Daher sind Nadelbäume immer grün und dicht belaubt!

Die **Europäische Lärche** (*Larix decidua*) ist eine lichte Konifere, die die Berge in den Alpen zwischen 1200 und 2500 m Höhe verzaubert. Sie stammt ursprünglich aus Mitteleuropa, wird bis 40 m hoch und liefert ein robustes Holz. Jedes Jahr verliert sie ihre Nadeln, bleibt aber auch im Winter elegant. Ihr feines Laub, das im Frühling zartgrün ist, wird im Herbst goldgelb. Sie zählt zu den subalpinen Arten und markiert oft die obere Waldgrenze. In Regionen mit maritimem Einfluss ist sie nicht anzutreffen. Der Baum ist gut in Gärten im Bergland angepasst. Die kleinen grauen Zapfen (2 bis 4 cm) stehen aufrecht und sind eiförmig. Sie tragen dünne, dichte Schuppen und bieten reichlich Samen für Tannenmeisen und Haubenmeisen, Kreuzschnäbel, Stieglitze, nicht zu vergessen die Spechte, Tannenhäher und Eichhörnchen. Das feste, harzgetränkte Holz sorgt für die Schönheit der alpenländischen Architektur.

1

2

Das schwarze Meischen

Die **Tannenmeise** (*Periparus ater)* hat mit ihrem schwarzen Kopf und den hübschen weißen Wangen zwar ein wenig Ähnlichkeit mit der Kohlmeise, aber das Fehlen von gelbem Gefieder, der markante weiße Fleck im Genick und das kurze Schwänzchen sind ihre Erkennungsmerkmale.
Für das Auftreten dieses Waldvogels aus Nadelwäldern, vor allem in den Bergen, reichen schon ein paar Fichten, Kiefern, Tannen oder Lärchen in den Parkanlagen und Gärten. Als kleinste unserer Meisen machen ihre akrobatischen Fähigkeiten den Vogel besonders agil. Im Winter bilden die Samen der Koniferen eine reiche Nahrungsquelle für diese Art. Sie verspeist auch Unmengen an Insekten und deren Larven sowie Spinnen, die sie in den Spalten der Borke findet oder auf dem Boden jagt. Ihren Nachwuchs versorgt sie mit Spinnen, Blattläusen, Blattsaugern, Fliegen und deren Verwandten, manchmal auch mit Ameisen, Hautflüglern, zahlreichen Raupen von Wicklern, Bärenspinnern und Frostspannern.
Wenn man gemischte Baumgruppen mit Laubbäumen und Koniferen setzt und die belebten alten Bäume erhält, dann kommt die Tannenmeise gerne. Sie nistet in allen Arten von Höhlen, wie in alten Bäumen, Mauernischen, aber auch am Boden zwischen Wurzeln oder in einem Mauseloch und bezieht gerne auch Nistkästen. Hängen Sie die Nistkästen in die bevorzugten Koniferen, das ist aber kein Muss. Maximal 2 m über dem Boden und mit einem Einflugloch von 25 mm.

1 Tannenhäher auf dem Ast einer Lärche im Herbst.

2 Tannenmeise auf einer Lärche im Spätsommer, angelockt von den Zapfen und der Mikrofauna auf den Nadeln.

3 Europäische Lärche im Garten, herbstlich leuchtend.

4 Tannenmeise im Winter.

BORKE ALS SCHUTZ UND KINDERSTUBE FÜR DIE BAUM-LÄUFER

Ab dem Herbst sind die Insektenfresser unter den Singvögeln wie zum Beispiel die **Baumläufer** ständig damit beschäftigt, Nahrung zu suchen. Ihre großen Füße mit den langen Zehen und ihre langen, gebogenen Schnäbel ermöglichen es ihnen, spiralförmig um die Stämme zu klettern und dort unter den Borkenüberständen kleine Insekten und Spinnen in allen Entwicklungsstadien herauszuziehen. Diesen Speiseplan erweitern sie um kleine Samen (vor allem von Koniferen). Sobald die Sonne untergeht und die Temperaturen deutlich sinken, suchen sie sich einen schützenden Unterschlupf. Sie bevorzugen meist alte Nadelbäume, deren Borke oft schuppig aufspringt und tiefe, natürliche Furchen bildet, in die sich die Vögel oft zu mehreren für die Nacht hineindrücken. Sie nehmen auch Löcher in Bäumen oder Nistkästen und plustern in der Kälte das Gefieder auf, damit die Körperwärme nicht so stark verloren geht. Sie kehren jede Nacht zu ihrem bevorzugten Unterschlupf zurück.

Der Lieblingsplatz von **Gartenbaumläufer** und **Waldbaumläufer**, die sich stark ähneln, ist entweder ein Loch im Stamm oder ein Unterschlupf, der durch angehobene Borke entsteht, meistens in alten Nadelbäumen. Es gibt auch einen speziellen Nistkasten[4] für diese Arten, der an den natürlichen Nistplatz erinnert, aber auch als winterlicher Schlafplatz dient. Das von der Seite her gesehen dreieckige Modell mit zwei seitlichen Öffnungen sagt den Vögeln vor allem dann zu, wenn es mit Borkenstücken verkleidet und an einem Baum in der Höhe von 2 bis 6 m angebracht ist. Das Dach oder eine Seite des Nistkastens sollte leicht abnehmbar sein, um die herbstliche Reinigung zu erleichtern. Ein einfaches Scharnier aus Leder oder Metall ist dazu geeignet. Baumläufer siedeln sich manchmal auch in klassischeren Nistkästen im Stil „Briefkasten“ oder „Holzklotz“ an.

ZAPFEN AUF DER SPEISEKARTE

Die Samen der Koniferen oder Nadelbäume beinhalten große Mengen an Ölen, Stärke und Proteinen, was viele verschiedene Tierarten brauchen. Tatsächlich spielen die Samen eine nicht zu unterschätzende Rolle bei der winterlichen Nahrungssuche von Nagetieren und Vögeln. Auf Spaziergängen sieht man nicht selten Zapfen mit Nage- oder Schnabelspuren. Die Fichte *Picea abies* ist ein weit verbreiteter Baum mit leicht erkennbaren, kegelförmigen Zapfen, deren Schuppen spiralförmig um eine Mittelachse angesetzt sind.

Der **Fichtenkreuzschnabel** (*Loxia curvirostra*) verwendet seinen überkreuzten Ober- und Unterschnabel wie einen Flaschenöffner und schiebt den Oberschnabel hinter den Samen, hält ihn mit der Zunge fest, bevor er ihn mit dem Unterschnabel herauszieht und dabei die Schuppe in zwei Teile zerbricht. Der **Buntspecht** (*Dendrocopos major*) hämmert kräftig mit seinem festen Schnabel auf dem Zapfen herum, und hinterlässt nur eine leere Samenhülle, nachdem er die Samen in einer Vertiefung der Rinde geknackt hat. **Waldmaus** (*Apodemus sylvaticus*) und **Gelbhalsmaus** (*Apodemus flavicollis*) nagen die Schuppen ab, um an die Samen zu gelangen und lassen den Strunk des Zapfens fallen. Und zum Abschluss ist noch das **Eichhörnchen** (*Sciurus vulgaris*) zu nennen, das die Schuppen Reihe für Reihe abreißt und einen fransigen Strunk hinterlässt.

1 Spezieller Nistkasten für Baumläufer mit einer aus Rinde gefertigten Verkleidung.

2 Unterschlupf und Nistplatz eines Baumläufers in einer Spalte eines toten Baums.

3 Vom Kreuzschnabel zerpflückte Fichtenzapfen.

4 Fichtenzapfen nach der Mahlzeit eines Eichhörnchens.

5 Die Gelbhalsmaus ist auch ein Fan von Fichtenzapfen.

IM FEUER *der herbstlichen* ZWEIGE

Die Tage werden kürzer. Mutter Natur kleidet sich nun goldfarben und purpurn. Im Garten ist nun die Zeit angebrochen, in der manche Bäume und Sträucher ihr grünes Laub gegen ein strahlend scharlachrotes Kleid tauschen oder sich in Orange und Gold hüllen. Von den letzten Regenfällen noch verstärkt, breitet sich die kühle Luft immer mehr aus, während der Teppich gefallenen Laubs Tag für Tag dicker wird.

Im Sommer bringt das Laub mehr oder weniger einheitliche, nicht besonders aufregende Grüntöne hervor. Im Herbst hingegen beginnt die Sinfonie der Farben, in der jeder Baum mit seinem Nachbarn darum wetteifert, mehr Aufmerksamkeit auf sich zu ziehen. Diese Jahreszeit ist ideal, um das Leben der Bäume und Pflanzen in der Landschaft und den Gärten anhand ihrer Blätter zu studieren. Die Wildkirsche wird rosa und orange, der Feld-Ahorn streckt seine gelben Finger aus den Hecken und Gehölzgruppen, die Buche schmückt sich golden, bevor sie den warmen Karamellton annimmt, den sie den gesamten Winter hindurch trägt. Birken leuchten strahlend gelb, die Eichen rostrot, selbst die Farne färben sich golden, bevor sie vertrocknen. Manche Ahornarten können sich nicht zwischen gelb und rot entscheiden. Mit dieser Malerpalette präsentiert der Herbst die vergängliche Schönheit seines Festivals der Farben.

Die westliche Hecke im leuchtenden Herbst!

STRAHLENDES LAUB

Über das Laub der Bäume geht auch im Winter viel Wasser durch Verdunstung verloren und bei gefrorenem Boden ist dieser Wasserverlust nicht mehr auszugleichen. Dies ist einer der Gründe, warum laubabwerfende Bäume ihre Blätter vor dem Winter verlieren. In dieser Jahreszeit werden die Tage rasch kürzer und kälter und die Feuchtigkeit der Nacht bleibt länger erhalten. Nun wird der Raureif zum morgendlichen Zauberer. Aber mitentscheidend für die Vorgänge an den Bäumen im Herbst sind auch die tieferen Nachttemperaturen. Durch die Kälte und das geringere Lichtangebot wird die Blattalterung hervorgerufen, die Photosynthese – der Prozess, wodurch Pflanzen (mittels Chlorophyll) durch die Aufnahme von Kohlendioxid und Wasser Zucker und Sauerstoff produzieren – verlangsamt sich und kommt schließlich zum Erliegen. Das Blatt stirbt ab. Aber vorher werden nützliche chemische Substanzen (u. a. auch das grüne Chlorophyll) aus den Blättern in Stamm, Äste und Wurzeln verlagert und umgebaut dort gespeichert, während gelbe oder orangefarbene, auf die der Baum verzichten kann, im Blatt bleiben. Das erklärt, warum sich die Blätter in verschiedenen warmen Farbtönen färben, bevor sie zu Boden fallen. Im Sommer existieren die farbigen Pigmente im Blattgewebe ebenfalls, aber das Chlorophyll überwiegt und so erscheinen die Blätter grün.
Vorübergehend werden in den im Herbst noch am Baum hängenden Blättern zudem noch rote Farbstoffe (Anthozyane) neu gebildet, die eine schützende Funktion gegen zu viel UV-Licht in Kombination mit Kälte (Entstehung freier Radikale) und gegen Schädlinge haben sollen.

Die westliche Heckenpartie im Herbst.

Eine Blaumeise bei der Gefiederpflege in der herbstlichen Hecke.

Die Farbexplosion im Herbst beginnt immer an der Spitze der Krone und den äußeren Enden der Zweige, weil dort die Blätter zuerst vom Wasserfluss abgeschnitten werden, indem ein Trenngewebe an der Basis der Blattstiele gebildet wird. Die Blätter fallen ab und werden wirbelnd vom Wind davongeweht. Auf dem Boden bildet sich ein dicker Teppich, der sich zersetzt und Humus bildet – mit Nährstoffen für die nächsten Jahre.

WERTVOLLES GUT: DAS TOTE LAUB

Ich könnte auch vom Leben der toten Blätter sprechen, denn das herabfallende Laub ist Leben. Ich möchte Sie einladen, die Blätter als wertvolles, unersetzliches Manna zu betrachten. Sie sind für zahlreiche Tiere eine unvergleichlich gute Quelle für organische Stoffe und zusätzlich Dünger für den Boden. Als Refugium für zahlreiche Arten mit nackter Haut, mit Panzer oder mit Stacheln, in allen Größen und Formen, ist das Laub für das natürliche Gleichgewicht der Hecken und der Baumbestände unersetzlich. Die Unsichtbaren, von Springschwänzen über Laufkäfer und Schnecken bis hin zu Spitzmäusen und Igeln, suchen das Laub auf und sind für uns wertvolle Nützlinge.

Was soll ich sagen, wenn ich sehe wie meine Nachbarn ihre Laubhaufen mit dem Quad in die benachbarten Wälder oder auf den Häckselplatz karren? In der Bio-Tonne ist die Entsorgung wenigstens legal. Aber durch diese Praxis wird Tausenden von Tieren die Lebensgrundlage genommen und die Artenvielfalt des Bodens wird missachtet.

Oben: Blatt des Amerikanischen Amberbaums im Morgentau.

Unten: Gut getarnter Springfrosch (*Rana dalmatina*) auf dem Teppich abgestorbener Blätter.

Man sollte besser die Natur ans Steuer lassen und davon profitieren. Lassen Sie das abgestorbene Laub als Düngung für die Hecken, Baumgruppen, Rabatten und Kulturbeete liegen, bereiten Sie einen Laubhaufen für den Igel oder kompostieren Sie das Laub. Ich persönlich betrachte Blätter als einen Schatz, durch den meine künstlerische, naturliebende Seele Ausdruck findet, einfach weil sie schön sind und weil sie vor unerwartetem Leben strotzen. In der Recycling-Kette arbeiten mikroskopisch kleine bis hin zu gut sichtbaren Tierchen, die den Laubabfall langsam aber sicher in Nährstoffe für die Pflanzen umwandeln. Das sollte man mit den Augen und dem Herzen beobachten, um zu sehen und zu verstehen. So wird man sie mehr schätzen und schützen, denn was vom Baum gefallen ist, kommt zum Baum zurück.

PILZE ZU FÜSSEN MEINER HECKEN

Der Herbst gilt als Jahreszeit der Pilze! Das Suchen und Sammeln in Wäldern, Feldern und Wiesen zieht uns in Bann, denn die Natur bietet uns in der gesamten Pflanzenwelt eine endlose Palette an Farben, Formen, Konsistenz und Geschmäckern an. Selbst mitten in meinem Garten, da ich nur dafür sprechen kann, wachsen manche Pilzarten unter den Hecken und Baumgruppen, wo sie einen günstigen und für ihr Wachstum zuträglichen Lebensraum finden. Sie erinnern sich, eine Hecke ist so etwas wie ein langgestreckter Miniaturwald. Eine ordentliche Schicht Laub, Totholz – und die Natur besorgt den Rest! Ich werde Pilzsammler direkt vor der Küchentür – einfach göttlich!

Auch wenn einige Arten auf dem Speisezettel der Feinschmecker stehen, zählen andere Arten zu den giftigsten im Pflanzenreich. Sofern Sie sich zum Pilzesuchen entschließen, lässt Sie diese Leidenschaft nie wieder los, noch weniger im eigenen Garten. Der Pilzsammler kann ein Glückspilz sein, aber die sichere Kenntnis der essbaren Arten ist nötig, um Pilzesser zu werden. Nehmen Sie einen großen Weidenkorb zu Hand, in dem die Pilze „atmen" können, ein scharfes Taschenmesser und einen Stab aus Holz, um die Vegetation zu durchkämmen. Sie müssen wissen, dass Pilze auf humusreichen Böden wachsen, die nicht zu stark durchnässt oder von weiteren Gräsern bewachsen sind. Fertig zum Pflücken!

Rechts: Gemeine Birkenpilze unter der südöstlichen Hecke.

Links: Nach der Ernte machen sich Parasol und Birkenpilze mein Körbchen streitig.

Insektenverstecke

Gut vergraben in der Erde, unter einem Blätterteppich versteckt, unter die Rinde oder einen gebogenen Ast gezwängt oder so tief wie möglich in einem Baumstumpf verteilt, warten die Gelege mancher Insektenarten zum Schlüpfen geduldig auf die schöne Jahreszeit. Andere überwintern im Larvenstadium wie die Raupe des in unseren Wäldern heimischen Edelfalters Großer Eisvogel, der sich auf Büscheln von Nadeln oder Reisig verpuppt.

In Ihrem Garten können Sie beispielweise den Solitärbienen und -wespen beim Überleben im Winter helfen. Diese Insekten oder ihre Larven überwintern in Löchern, die sie in die Äste mancher Pflanzen bohren: Schneeball, Holunder, Brombeere, Himbeere, Hortensie oder sogar Rosen, Fenchel und Wilde Möhre. Schneiden Sie diese im Herbst also nicht ab! Sie können jederzeit Bündel als Unterschlupf für die Insekten daraus machen. Das bedeutet, in Harmonie mit der Natur zu leben und aus dem Garten ein Paradies für die Fauna zu machen.

1 Ein Teil der westlichen Hecke in der winterlichen Ruhe.

2 Unterschlupf für Insekten, hergestellt aus einem Bündelchen hohler Äste.

3 Die Wildbiene *Osmia cornuta* baut ihr Nest in Löcher von Totholz oder hohle Zweige.

1

2

3

SERVICE

GLOSSAR

Avifauna: Gesamtheit aller Vögel.

Beerenfresser: Vögel, die sich von Beeren und kleinen Früchten ernähren.

Cultivar: Sorte einer Pflanzenart, die durch künstliche Auslese und Züchtung entstanden ist.

Höhlenbrüter: Vogelarten, die sich zum Nisten oder Schlafen in ausgehöhlte Bäume zurückziehen.

Krone (Baumkrone): Gesamtheit aller Äste am oberen Ende des Baumstamms.

Legebohrer: Langer, dünner Anhang am Hinterleib eines weiblichen Insekts, womit es Löcher bohren kann, in denen es die Eier ablegt.

Lentizellen: Korkporen, kleine porenähnliche Struktur in der Rinde, über die der Austausch von Sauerstoff und Kohlendioxid abläuft.

marzeszent: Wenn das Laub an der Pflanze verwelkt aber nicht abfällt (verzögerter Blattfall).

Puppe: Zwischenstadium zwischen Larvenstadien und Imago (Erwachsenen) bei Insekten.

Steinfrucht: Fleischige Frucht mit Kern.

subalpin: Am Fuß der Alpen oder am Rand des Alpenhauptkamms gelegen.

Überwinterungsgast: Vogelart, die gewöhnlich aus dem Norden und Osten zu uns zieht und den Winter hier verbringt. Beispiel: Wacholderdrossel oder Bergfink.

Zugvogel: Vogelart, die den Winter in einem anderen Land oder einer anderen Region weiter südlich zubringt.

ZUM WEITERLESEN

Beiser, Rudi: Geheimnisse der Hecken – Heilkraft, Mythen und Kulturgeschichte unserer Sträucher. Rudi Beiser. Verlag Eugen Ulmer 2019.

Hofmann, Helga: Richtig gute Insektenhotels – Nisthilfen für Wildbienen nach dem Baukastenprinzip. Verlag Eugen Ulmer 2021.

Hume, Rob: Vögel in Europa – über 500 Arten. Dorling Kindersley Verlag 2020.

Kremer, Bruno P.: Steinbachs Naturführer Bäume und Sträucher – einfach bestimme mit über 1300 Bildern. Verlag Eugen Ulmer 2022.

Schmidbauer, Heinz: Bildband: Ein Garten voller Vögel – Paradiese schaffen und der Vielfalt ein Zuhause bieten. Frederking & Thaler 2022.

Schwarzer, Elke: Heimische Pflanzen für den Garten – 100 Blumen, Sträucher und Bäume für Biene & Co. Verlag Eugen Ulmer 2022.

Schwarzer, Elke: Lass wachsen! Nachhaltig gärtnern, Artenvielfalt fördern, Ressourcen schonen. Verlag Eugen Ulmer 2024.

Sperl, Ina: Wildobst – Schlehe, Hagebutte und Co. für meinen Garten. Verlag Eugen Ulmer 2016.

Steiger, Peter: Heimische Wildstauden im Garten – attraktiv und naturnah gestalten. Verlag Eugen Ulmer 2020.

NÜTZLICHE ADRESSEN

Projektgarten *Mon jardin paradis*
Der Garten des Autors und sein Ansatz zu einer Gartengestaltung im Sinne der Artenvielfalt. Dort führt Gilles Leblais Praktika durch und für die Öffentlichkeit ist der Garten auf Anfrage geöffnet.
www.gillesleblais.com
www.facebook.com/Gilles-Leblais-1695747510637374

Bio-Saatgut & Bio-Pflanzen
www.bionana.shop: Biologische Pflanzen & Saatgut für den Garten
www.naturgartenshop.com: Produkte für den Naturgarten

Gartenzubehör
www.waschbaer.de/shop/garten: Bio-Gartenbedarf für nachhaltiges Gärtnern
www.naturgartenshop.com: Produkte für den Naturgarten
www.andermatt-biogarten.de: Pflanzen & Gartenzubehör für den Biogarten

Naturschutzprodukte, Nistkästen & Wildtierfutter
www.vivara.de: Naturschutzprodukte und alles für Vögel
https://shop.deutschewildtierstiftung.de: Naturschutzprodukte
www.bundladen.de: Bio- und Fairtrade-Produkte
www.nistkasten-online.de: Nistkästen für alle Vogelarten
www.vogeltreff24.de: Vogelfutter für alle Arten
www.shop.erdenfreund.com: Igelhäuser, Nistkästen und Futterhäuser
www.gartenetage.de: Insektenhotels, Nist- und Futterhäuser

DER AUTOR

Als Ornithologe und passionierter Beobachter der Natur und ihrer wilden Bewohner arbeitet **Gilles Leblais** seit 1997 als professioneller Naturfotograf. Er schreibt, fotografiert und gelegentlich zeichnet er auch. Seine fotografische Vorgehensweise bei der Tierfotografie ist eher instinktiv und emotional als technisch. Er betreut Seminare zur Einführung in die Naturbeobachtung und -fotografie sowie Konferenzen und arbeitet mit verschiedenen Magazinen und Zeitschriften sowie Verlagen zusammen. Als Gründer des Projekts *Mein paradiesischer Garten* ist er gleichzeitig Berater und Lehrer der naturnahen Gartengestaltung. Er ist überzeugt, dass ein Garten unersetzlich für die Entfaltung des Menschen ist, denn er bietet den direkten Kontakt zur Natur direkt an der Terrassentür. Er betreut zudem regelmäßig Besucher sowie Praktikanten zu diesem Thema in seinem Garten und er führt auf Nachfrage gestalterische Eingriffe und Beratungen in individuellen Gärten durch. Als Waldspaziergänger und Naturfotograf mit unstillbarer Neugier ist er überzeugt, dass Verzückung der erste Schritt zum Respekt für die Natur ist. Dadurch lässt sich ein tief reichendes Bewusstsein für die brüderliche Verbundenheit aller Lebensformen entwickeln. In diesem Bewusstsein harmonisieren sich alle Aktionen spontan mit der Natur.

REGISTER

Bildquellen

Alle Aufnahmen von Gilles Leblais; mit Ausnahme der nachfolgend genannten:
Durand, Christine: S. 117
Schwarzer, Elke: Titelbild
Shutterstock.com/Martin Mecnarowski: S. 81 (Gelbspötter)
Shutterstock.com/Jason Steel: S. 83 (Ringelnatter)
Alle Zeichnungen im Innenteil nach Vorlagen von Gilles Leblais von Maëlle Le Toquin.

Impressum

Die in diesem Buch enthaltenen Empfehlungen und Angaben sind vom Autor mit größter Sorgfalt zusammengestellt und geprüft worden. Eine Garantie für die Richtigkeit der Angaben kann aber nicht gegeben werden. Autor und Verlag übernehmen keine Haftung für Schäden und Unfälle. Bitte setzen Sie bei der Anwendung der in diesem Buch enthaltenen Empfehlungen Ihr persönliches Urteilsvermögen ein.
Der Verlag Eugen Ulmer ist nicht verantwortlich für die Inhalte der im Buch genannten Websites.

Anmerkung zur Schreibweise (Gendering): Gendergerechtigkeit und Inklusion sind bei uns gelebte Praxis – bei der Auswahl unserer Themen, bei der Recherchearbeit, in der Gestaltung. Unsere Texte meinen alle. Damit unsere Inhalte jedoch gut lesbar bleiben, verzichten wir in diesem Werk auf die jeweilige Mehrfachnennung oder Anpassung der Schreibweise bestimmter Bezeichnungen an die weibliche, männliche oder diverse Form.

Bibliografische Information der Deutschen Nationalbibliothek
Die Deutsche Nationalbibliothek verzeichnet diese Publikation in der Deutschen Nationalbibliografie; detaillierte bibliografische Daten sind im Internet über http://dnb.d-nb.de abrufbar.

Die französische Originalausgabe erschien 2021 unter dem Titel Gilles Leblais, Ma haie refuge de biodiversité

Wollgrasweg 41, 70599 Stuttgart (Hohenheim)
E-Mail: info@ulmer.de
Internet: www.ulmer.de
Projektleitung: Doris Kowalzik
Übersetzung: Sabine Hesemann
Lektorat: Sabine Drobik
Herstellung: Stephanie Haun
Umschlaggestaltung: Marion Schreiber, www.marionschreiber.de
Satz: r&p digitale medien, Echterdingen
Druck und Bindung: Neografia, Martin, www.neografia.sk
Printed in Slovakia

ISBN 978-3-8186-2245-9